COMICE AGRICOLE

DE L'ARRONDISSEMENT DE MONTDIDIER

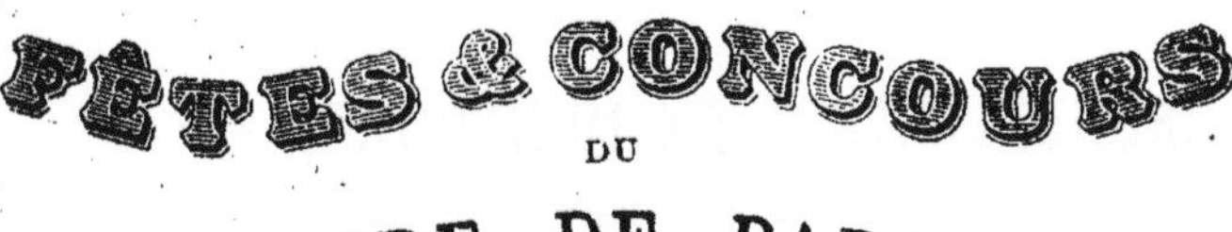

DU

CENTENAIRE DE PARMENTIER

COMPTE RENDU OFFICIEL

MONTDIDIER
IMPRIMERIE ALLART ET Cie

1887

BULLETIN

DU

COMICE AGRICOLE

DE

L'ARRONDISSEMENT DE MONTDIDIER

(SOMME)

CONCOURS DE MONTDIDIER

ET CENTENAIRE

DE

PARMENTIER

DU 26 AVRIL AU 9 MAI 1886

Comice Agricole de l'Arrondissement de Montdidier

CONCOURS DE MONTDIDIER

ET

CENTENAIRE DE PARMENTIER

Du 26 Avril au 9 Mai 1886

Le concours ordinaire du Comice devait avoir lieu, — suivant l'ordre de rotation accoutumé, — en 1886, à Montdidier. Le conseil d'administration pensa alors qu'il serait bon de célébrer en même temps le Centenaire de notre illustre concitoyen Parmentier, ou plutôt de ce qui fit sa gloire : l'introduction de la pomme de terre dans l'alimentation publique, en France.

Plusieurs raisons majeures firent accueillir avec empressement cette idée ; d'abord la reconnaissance envers ce grand bienfaiteur de l'humanité « aujourd'hui, oublié « par le plus grand nombre cependant que les bienfaits de « la pomme de terre se sont répandus sur tous les points du globe (1) » ; ensuite l'avantage qu'il pourrait y avoir pour notre agriculture nationale si cruellement éprouvée, à rechercher dans la culture et la distillation de la pomme de terre, un moyen de relèvement, dont ont su si habilement profiter nos rivaux, qui inondent nos marchés de leurs bestiaux et de leurs alcools.

Le Comice, dans son assemblée générale du 10 octobre 1885, ratifia, à l'unanimité, cette décision et chargea son Président de mener cette œuvre à bonne fin.

Aussitôt il fit les premières démarches près de l'Administration, et sollicita le précieux concours de la Presse, qui lui fut accordé avec empressement.

Nous montrerons, par ailleurs, comment ce « *quatrième pouvoir* » répondit à cet appel.

(1) Mémoire sur Parmentier, par Eugène Soulier.

Se rappelant ensuite que l'illustre *Doyen des étudiants de France*, comme il se complaît à se désigner lui-même, était, lui aussi, sinon par naissance du moins par alliance, notre concitoyen, il osa lui demander de bien vouloir accepter la Présidence d'honneur de cette fête de reconnaissance à l'égard d'un de ses contemporains, collègue et quasi compatriote.

L'illustre centenaire Chevreul n'hésita pas un instant, et ce fut avec le plus grand empressement, la plus cordiale bienveillance qu'il acquiesça à cette demande.

Mais la célébration d'une gloire telle que celle du charitable enfant de notre pays qui, selon sa propre expression, « n'a coûté ni crimes ni larmes à l'humanité », demandait une extension en rapport avec cette gloire.

C'est pourquoi Monsieur le Président du Comice voulut par la coopération, au même titre, de nos deux autres illustrations du XIXe siècle : MM. Ferdinand de Lesseps et Pasteur, donner immédiatement à l'entreprise un caractère grandiose et vraiment national.

Le « *grand Français* » aussi bien que le célèbre « *guérisseur de la rage* » acceptèrent, avec non moins d'empressement et de bienveillance, le patronage qui leur était ainsi offert.

Parmentier avait été non seulement « collaborateur de journaux » et « membre de l'Institut » ; mais il avait encore appartenu à toutes les sociétés savantes de son époque, il avait travaillé constamment en faveur de l'agriculture, en vue du bonheur du peuple ; enfin, par son emploi spécial, il avait appartenu à l'armée, où il avait acquis le grade d' « Inspecteur général du service de santé ». Il fallait donc, pour célébrer complétement sa gloire et ses bienfaits, intéresser à l'œuvre tous ceux avec lesquels et pour lesquels il avait travaillé.

C'est ce qui engagea la commission d'organisation du Centenaire à s'adresser, non seulement aux sociétés agricoles, industrielles et savantes du département, mais bien à toutes celles de France, aussi bien qu'au service de santé des armées ; en même temps qu'elle établit une souscription nationale en vue de donner tout l'éclat nécessaire à cette fête de la reconnaissance.

De nombreuses adhésions répondirent à cet appel, —

nous en publierons la liste détaillée. — La Société nationale d'Agriculture de France, les cinq Comices de la Somme et presque toutes les Sociétés d'Agriculture et d'Horticulture de France, offrirent de suite leur concours, dans la mesure de leurs moyens. Il en fut de même de la Société Industrielle d'Amiens, des Sociétés de Chimie, de Médecine, de Pharmacie et autres Sociétés savantes de Paris et des départements. Toutefois nous devons une mention spéciale à M. Brouant, pharmacien, 81, Avenue d'Eylau, à Paris, qui voulut bien accepter la représentation du Centenaire et dont les démarches actives ne contribuèrent pas pour peu à son succès.

Mais où l'empressement et le dévouement atteignirent leur apogée, ce fut dans le service de santé militaire, et chez les Agriculteurs de France.

Nous ne leur adresserons pas de banals remerciements ; mais nous nous trouvons heureux et fiers d'avoir pu constater par nous-même, — ce qui n'était plus à prouver du reste, — quel esprit de confraternité et de dévouement on est toujours certain de rencontrer dans nos armées.

De même signalerons-nous avec reconnaissance l'empressement et la cordialité avec lesquels M. le marquis de Dampierre et le Conseil d'administration de la Société des Agriculteurs de France, répondirent à notre appel, nous prouvant une fois de plus que toute idée noble et généreuse est toujours acceptée favorablement par cette puissante et libérale association.

Toutefois une consécration aurait manqué à cette fête, si elle avait eu lieu en dehors des pouvoirs publics ; aussi furent-ils également invités à y prendre part, ce qu'ils acceptèrent. Le gouvernement décida même dans sa sollicitude, de s'y faire représenter par M. le ministre de l'Agriculture.

Ces démarches faites, ces concours assurés, il ne resta plus qu'à arrêter un programme définitif ; voici celui qui, après discussion, fut adopté.

Concours et Exposition permanente, du 26 avril au 9 mai, de Pommes de terre et de tous autres produits agricoles *français* pouvant être convertis en alcool.

Concours et Exposition pendant la même durée, de: 1° Produits et dérivés de la pomme de terre et de tous autres végétaux amylacés cultivés et récoltés en France ; 2° Instruments et engins servant à la transformation industrielle de la Pomme de terre et autres végétaux amylacés.

Conférences agricoles diverses.

Cours de distillation.

Grande Exposition et Concours de Chevaux.

Grande Cavalcade fantaisiste.

Concours spécial de Vaches.

Et Concours ordinaire du Comice.

Sur la demande de quelques personnes et afin d'avoir une attraction de plus, on décida ensuite de laisser adjoindre à ces Expositions et Concours divers :

Une Grande Exhibition de chiens de berger, de chasse, de garde et de luxe ; et d'Oiseaux de volière,

Et l'Ascension d'un ballon monté.

En même temps la municipalité décidait d'y joindre de son côté, ses Fête et Foire de mai.

Ces dispositions prises, le Comité s'occupa sans délai d'établir les Expositions de Pomme de terre, Produits et Engins.

Transformant pour cela les cours et bâtiments d'une ferme, ainsi que la cour de la sucrerie voisine, il en fit son Palais de l'Exposition.

Il ne nous appartient pas d'en rien dire ; aussi laissons-nous, pour cela, la parole à un de nos visiteurs les plus compétents, le Frère Antonis, sous-directeur de l'Institut agricole de Beauvais :

***

« Comme tout étranger, dit-il, qui pénètre actuellement dans la cité qui donna le jour à l'illustre Parmentier, nous n'avons pu nous défendre d'une certaine émotion en voyant tout ce qui s'est fait, et se prépare encore pour honorer la mémoire de ce grand bienfaiteur de l'humanité.

« Nous pourrions louer, sans flatterie, l'empressement

de la population tout entière pour donner à la fête le spectacle le plus grandiose.

« D'innombrables drapeaux flottent sur les monuments publics et particuliers et se marient agréablement dans les rues et dans les grandes avenues avec des allées improvisées de verdure.

« Les étrangers accourent en foule joindre leurs accents de joie et de bonheur à ceux des habitants de la cité. Le programme des fêtes est complet; il s'exécute avec entrain et patriotisme.

« D'autres emploieront leurs talents d'écrivains à raconter toutes ces belles solennités. Pour nous, plus attaché par vocation et par goût aux choses de l'agriculture, nous donnerons plutôt quelques appréciations sur le concours agricole et notamment sur celui de pommes de terre.

« Tout d'abord nous devons rendre hommage au très honorable Président du Comice agricole et à tous ceux qui l'ont aidé, encouragé, soutenu dans l'organisation du centenaire. Nous sommes heureux de dire ici que leur courageuse persévérance est couronnée d'un succès inattendu. Ils ont bien mérité de la patrie !

« Les cours, les hangars dépendant de la ferme et de la sucrerie, sont transformés en jardins, en gracieuses tentes ornées d'arbres verts, de fleurs, de drapeaux et d'oriflammes. Dans la salle principale se trouve l'Exposition de pommes de terre.

Le nombre des exposants, la variété et la beauté de leurs produits nous mettraient dans l'embarras si nous étions moins amateur de cette précieuse *solanée* que nous devons à *Celui* dont on ne bénira jamais assez la mémoire ! — Oui nous aimons à parler de la pomme de terre, devenue depuis longtemps le pain du pauvre, le mets fréquent et apprécié à la table du riche.

« Nous trouvons en premier lieu, un chercheur, un travailleur infatigable, le fils de ses œuvres, J. Rigault de Groslay, par Montmorency (S.-et-O). Il expose 110 à 115 variétés d'excellent choix et d'une conservation parfaite. On croirait vraiment que les tubercules viennent d'être arrachés. Un certain nombre sont le résultat de semis et jouissent d'une réputation bien méritée.

« Nous signalerons entre autres *Joseph Rigault*, livrée au commerce depuis quelques années seulement; puis quatre nouvelles variétés qui promettent pour l'avenir, et ont reçu les noms de celui qui est l'objet de cette fête, et des trois hommes illustres de notre époque: *Souvenir de Parmentier*, *Chevreul*, *Pasteur*, *de Lesseps*. Nous voyons là encore divers semis de l'année, de deux et de trois ans, un certain nombre de tableaux explicatifs; puis comme montre et comme ornementation, l'énorme poireau à *pied court de Rouen*.

« Nous ne pouvons guère donner d'appréciations sur les 175 variétés exposées par l'*Institut agricole de Beauvais* (hors concours). Mais nous pouvons dire, pour tous ceux que cela peut intéresser, que dans un but de propagande et de patriotisme agricoles, grâces aux nombreuses études et expériences de 25 années de notre cher Directeur, le frère Eugène-Marie, nous nous appliquons à mettre en évidence les variétés qui ont donné les meilleurs résultats à *tous les points de vue*. (1)

« Un trop grand nombre de producteurs et de consommateurs oublient souvent que pour la maturité, les pommes de terre sont comme les fruits; les unes sont hâtives, les autres 1/2 hâtives et les autres tardives. Il est essentiel

(1) Qu'il nous soit permis d'ajouter à cette appréciation volontairement incomplète, que l'Exposition de l'*Institut agricole de Beauvais* était une des plus remarquables, non seulement par les nombreux lots exposés (200 environ), mais encore par le choix judicieux des variétés et surtout par leur étiquetage.

En effet chaque étiquette portait non seulement le nom français de la variété, mais ses noms étrangers, toutes les indications pour la bien cultiver, son rendement à l'hectare, son emploi particulier, etc.

Qu'on ajoute à cela les albums renfermant le résultat des expériences culturales faites par l'Institut, de 1855 à 1885, et on jugera avec nous, qu'il n'y avait rien d'exagéré dans cette opinion que nous avons entendu émettre par beaucoup : que cette exposition pouvait lutter avec chance de succès contre celle de la célèbre maison Vilmorin.

Nous ne saurions oublier, du reste, avec quel talent et quel zèle, l'honorable représentant de l'Institut, le cher frère Antonis, sut non seulement agencer cette Exposition, mais nous aider de ses conseils et de son expérience dans notre agencement général. Qu'il reçoive donc ici nos sincères remerciements.

(Note de la rédaction).

de les planter, de les récolter et de les consommer dans cet ordre logique.

« Rappelons ici le nom des variétés recommandées d'après ce classement :

Hâtives (Grande culture):

Early favorite; donne de bons rendements en terre légère.

Brésée's prolifié, bonne qualité, rendement considérable, se conserve bien.

Early rose; est quelque fois sujette à la maladie; mais donne de forts rendements en terre légère et saine.

Joseph Rigault; une nouveauté de très bonne qualité, forme remarquable ; de facile conservation.

Early chave; de bonne qualité, rendement moyen.

1/2 Hatives :

Institut de Beauvais; belle forme, bonne qualité ; rendement exceptionnel en énormes tubercules. Depuis 6 ans elle a toujours donné au dessus de 35,000 k. à l'hectare sur l'exploitation de l'Institut agricole.

Magnum bonum, Eléphant, Seguin.

Tardives :

Forster's early peach blow ; qualité fort ordinaire, mais rendement exceptionnel et beaucoup de rusticité.

Red'skinned flour ball (boule de farine) ; ne donne que de gros tubercules près de la tige, bonne pour la féculerie; bonne à manger tardivement.

Adirondack, de Lorraine, Mecklembourgeoise, Champion, Chardon. Cette dernière est encore une des plus rustiques ; mais elle doit être sélectée, régénérée de temps en temps; bonne pour la consommation, *tardivement*.

Petite culture

Early King, Brésée's, Marjolin, Early rose, Shaw, Model.

« On ne doit pas oublier, non plus, que de la bonne ou mauvaise conservation du tubercule à planter dépend en grande partie le résultat de la récolte ; — des pommes de terre qui ont fortement germé, ont perdu une partie de leur force végétative.

« A côté, nous trouvons l'exposition de M. Sévin, L. M., cultivateur à Villejuif (Seine); elle se compose de 31 lots de pommes de terre de belle forme, bien conservées ;

ce sont les meilleures variétés de grande et petite culture.

« Plus loin, M. HYACINTHE RIGAULT, de *Groslay* (S. et O.) nous montre 50 et quelques variétés de premier choix. M. *Hyacinthe Rigault* est un connaisseur et un praticien; les nombreuses récompenses qu'il a obtenues à divers concours nous dispensent d'en dire plus long. Cela nous explique pourquoi il s'est mis *Hors concours*. (1)

« M. COMMELIN-LONGUET, *de Tilloloy*, qui expose de beaux types de diverses variétés, le suit.

« Puis, voici à côté d'un joli lot de 25 à 30 variétés, exposé par M. DUBOIS-MARCHAND d'Amiens, la très intéressante exposition de M. l'abbé Fr. Benoît VAN CRIEKINGE, curé de Saint-Aubin (*Aisne*), l'intrépide propagateur de la méthode de régénérescence de la pomme de terre par le semis; nous voyons là, en effet, de belles variétés rustiques venant directement d'Amérique et cultivées avec succès à St-Aubin.

« Près de là nous apercevons un panier de divers tubercules des variétés cultivées chez M. de GUILLEBON, de *Vaux*, puis quelques lots à Mme Ve MALLET, à Mme CAVÉ; — l'étiquetage est parfois infidèle ou manque totalement, mais les types exposés sont beaux.

« Nous voyons ensuite une exposition, sans doute collective, de quelques amateurs de Montdidier; nous remarquons surtout celle de M. POINTIN-FIÉVÉE. Les tubercules sont bien conservés, il y a surtout quelques types superbes de *saucisse rouge* et de *Magnum bonum*.

« M. TORCY-VANNIER, de Melun (S.-et-M.) expose 75 variétés; à en juger par la grosseur des tubercules, on serait tenter de croire à une dégénérescence; mais il n'en est rien; ce sont des types de bonne semence parfaitement conservés.

(1) L'exposition de M. *Hyacinthe Rigault* était aussi une des plus remarquables, et nous aurions été heureux de lui décerner un de nos premiers prix; mais l'abnégation de cet habile praticien nous en a empêché, par sa mise hors concours, voulant ainsi être plus libre de se dévouer à notre œuvre en nous aidant à fixer et à récompenser le mérite des autres exposants.

Qu'il en soit félicité, et qu'il n'oublie pas que notre reconnaissance lui est acquise.

(Note de la rédaction).

« A l'extrémité de la tente nous voyons quelques superbes échantillons de *Red' Skinned flour ball*, un seul pèse 1 k. 500. Entre chacun d'eux se trouve un pied de chicorée *Witloff* de très belle venue. Elle est vraiment appétissante ! Honneur à son exposant, M. U. Sement.

« La maison Boitel, au célèbre pâté de canard, a voulu aussi payer son tribut d'hommage à Parmentier, en exposant quelques lots de bon choix.

« Nous nous arrêtons volontiers devant un pain de sucre fait avec la fécule de pomme de terre ; nous avons l'indiscrétion de le goûter, et nous le trouvons excellent. Le même exposant, M. Gallet-Gibon, nous a montré des échantillons d'alcool et de fécule, également extraits de la pomme de terre.

« Notre attention a été aussi vivement attirée par la remarquable exposition de M. Cauchetier-Chapron, le célèbre botaniste de Montdidier. Là, nous voyons non seulement quelques jolis lots de pommes de terre, et de tableaux formant la description historique et scientifique de cette précieuse plante, depuis 1531 jusqu'à nos jours, mois des plantes usuelles et médicinales parfaitement desséchées. L'étiquetage ne laisse rien à désirer et les notes nombreuses qui accompagnent chaque échantillon sont intéressantes et très utiles à consulter.

« Enfin, dans la même tente, nous trouvons la remarquable exposition de M. Boursier, de Chevrières (Oise). De longue date, cet habile agriculteur et féculier, étudie, travaille la pomme de terre en homme pratique et les résultats obtenus chez lui sont dignes de la plus grande attention. Il expose surtout les variétés commerciales et industrielles qu'il a expérimentées avec soin.

« Sous une tente à part, artistement décorée, se trouvent les produits agricoles de M. C. Triboulet, d'Assainvillers. Quelques variétés de pommes de terre de grande culture, telles que : *Red'skinned, de Lorraine, Idoho, Saucisse Rouge*, etc, nous montrent le talent et l'habileté de ce jeune agriculteur. Il continue à améliorer, à entretenir dans un état remarquable de fécondité les terres de son exploitation ; c'est le résultat d'un travail intelligent et opiniâtre, de fortes fumures. Si M. Camille Triboulet veut s'adonner à la culture de cette solanée, il est certain d'obtenir des rendements exceptionnels avec les variétés qu'il a choisies. Les blés du même exposant lui ont valu la plus haute récompense au Palais de l'industrie ; nous remarquons surtout ses blés *Roseau*, *Victoria*, *Shériff*, *de Bergues*, *de Nursey* ; les cultivateurs peuvent trouver là de bons types reproducteurs pour leurs ensemencements automnaux. Ses avoines ne sont pas moins remarquables ; des échantillons de betteraves sucrières des meilleures races, des flacons d'alcool, limpide comme du cristal, complètent cette exposition. Le tout est dominé au centre, par le portrait à l'aquarelle d'un de leurs illustres ascendants, *Celui* même dont on célèbre le centenaire. — Ce portrait, dû à la main habile de la sœur même de Parmentier, est un précieux souvenir pour la famille Triboulet.—Noblesse oblige ! aussi ne sommes-nous plus étonné de l'énergique persévérance du père et du fils pour lutter contre les difficultés de toute sorte de l'heure présente, pour continuer et conduire à bonne fin leur grande entreprise agricole et soutenir, quand même, la réputation si bien méritée de la ferme d'Assainvillers.

« Enfin, l'honneur et le couronnement du concours agricole de Montdidier ne revient-il pas à la maison Vilmorin, de Paris ? Une salle à part, de 15 mètres de long sur 12 de large, décorée avec un goût exquis, renferme les produits les plus nombreux et les plus variés ; la collection la plus complète de pommes de terre, environ 600 variétés ! !

« Les principales céréales en grains et en gerbes, les meilleures variétés de betteraves fourragères et sucrières, des tableaux illustrés encadrent le tout pour constituer une espèce de mosaïque qui frappe tous les visiteurs. Là, l'étiquetage est sûr, complet; c'est une véritable école pour reconnaître, étudier, vérifier les variétés !

« Depuis de longues années déjà, M. Vilmorin continue avec le plus heureux succès, ses études pratiques sur les plantes. Les résultats en sont consignés dans des ouvrages très appréciés, que nous voudrions voir entre les mains d'un plus grand nombre de cultivateurs et d'horticulteurs. Signalons en passant ceux que nous avons vus exposés au concours de Montdidier : *Catalogue général illustré*, *Nouveau catalogue méthodique des variétés de pommes de terre* (édition de 1886). *Les fleurs de pleine terre* ; *les plantes potagères ;* — *les meilleurs blés* — *Calendrier des semis ;* — *Céréales, plantes fourragères et écono-*

miques; divers *albums*, dessinés et gravés avec une exactitude, une pureté, une perfection remarquables.

« La maison Vilmorin a lutté avec succès contre les similaires des autres nations de l'Europe pour la beauté, la pureté, la richesse de ses produits et leur classification.

« La France a enfin su reconnaître l'honneur qui rejaillissait sur elle et n'a plus hésité à décerner à cet excellent patriote une des plus grandes récompenses dont elle dispose, *la croix de la Légion d'honneur*.

« Le cultivateur, l'horticulteur, le fleuriste doivent s'estimer heureux de pouvoir ainsi se procurer sûrement, et à des prix abordables, les meilleures variétés de graines et de plantes.

« Nous avons regretté l'absence de plusieurs établissements qui auraient pu, sans grands efforts, apporter leur concours à l'embellissement de l'exhibition organisée en l'honneur de Parmentier et contribuer à la propagation des bonnes espèces. — Hélas! trop souvent, le froid égoïsme, ou, pour être moins sévère, une apathie, une négligence coupable envahissent les cœurs et nuisent au bien général.

***

Ainsi agencée, cette Exposition n'avait donc plus qu'à attendre ses illustres visiteurs.

Cependant, n'hésitant devant aucun sacrifice, le Comité d'organisation avait obtenu du Ministre de la guerre, l'envoi d'une section d'artillerie, dont les salves devaient annoncer à tout le pays, l'ouverture du Centenaire de Parmentier.

En même temps, pour donner un nouvel attrait à cette ouverture, la municipalité avait organisé, pour ce jour-là, une fête de gymnastique, à laquelle elle avait convié toutes les Sociétés des Villes environnantes.

Comme nous l'avons fait pour l'Exposition des Pommes de terre, nous allons laisser le soin à un de nos visiteurs de décrire cette

PREMIÈRE JOURNÉE DU CENTENAIRE

Il dit :

« Le lundi de Pâques de l'année 1886 est désormais pour les annales montdidériennes une date historique, une journée de joie et de triomphe pour la cité de Parmentier.

« Le ciel a favorisé les efforts de la reconnaissance humaine et jamais plus beau soleil n'a présidé à plus belle fête.

« Dès la veille, des salves d'artillerie, tirées sur différents points dominant la ville, par la section du 17e d'artillerie, sous le commandement du lieutenant Crevier, que le Ministre de la guerre avait bien voulu mettre à la disposition du Président du Centenaire, allaient rappeler à toutes les populations du rayon que Montdidier était prêt à recevoir ses invités. Huit jours auparavant, toute la France s'occupait du Centenaire, et Montdidier seul, disait-on, paraissait ne pas savoir quel anniversaire on allait fêter dans ses murs. Mais en une semaine cette ville a su se tranformer, toutes les volontés se sont unies, tous ont payé de leurs bourses et de leur personne et on a été prêt.

« Rien de plus coquet que l'aspect de cette ville, dont la disposition prête tant d'ailleurs à la décoration.

« L'avenue principale qui conduit de la gare à la ville proprement dite, était flanquée, sur toute sa longueur, de mats ornés de flammes et de drapeaux tricolores.

« A l'entrée de la rue Parmentier s'élevait un très bel arc de triomphe, reproduisant, nous a-t-on dit, une des anciennes portes de la ville. Cet arc de triomphe portait sur l'une de ses faces l'inscription « MONTDIDIER A SES INVITÉS » et sur l'autre « HOMMAGE A PARMENTIER. »

« Toute la rue Parmentier et la place de l'Hôtel-de-Ville étaient plantées de mâts vénitiens ornés de drapeaux qui alternaient avec des sapins entiers fichés en terre. Cette verdure faisait une agréable diversion à la vue.

« Dans la rue de la Croix-Bleue, même décoration. Chaque mât était en outre orné d'un écusson aux armes des diverses villes de Picardie. Mais ce qui la distinguait particulièrement, c'était l'immense banderole en toile peinte qui se trouvait à son entrée, et sur laquelle se lisait :

1786 — A PARMENTIER — 1886

« La statue de Parmentier était particulièrement bien décorée ; entourée presque complètement de verdure arrangée avec un goût parfait ; aux angles de la grille se dressaient quatre mats vénitiens ornés de flammes tricolores.

« Citons encore la rue de Roye et ses deux arcs de triomphe, dont l'un représentant un *gymnase* complet, avec tous ses agrès, portait au sommet, soutenues par un faisceau d'armes, les armes de Montdidier, et sur ses quatre faces celles des quatre cantons de l'arrondissement. Au faîte se trouvaient les deux inscriptions suivantes qui, peut-être parce qu'elles étaient moins comprises, piquaient davantage la curiosité: « *Mens sana in corpore sano* », et « *Ludus pro patriâ* », ce que l'on peut traduire ainsi ; « Une âme saine dans un corps sain » et « Luttons pour la patrie. »

« Enfin, pour terminer, notons la place des Six-Coins, la rue du faubourg d'Amiens, l'avenue Victor Hugo et la rue de Rouen, menant à l'Exposition, à l'entrée de laquelle s'élevait un autre arc de triomphe portant sur sa frise ces mots ; « Honneur à nos illustres invités » ; et déclarons que partout dans cette ville, on ne pouvait que constater une lutte courtoise d'intelligence et d'habileté.

« Aussi, si toute la France n'est pas venue à Montdidier, elle a du moins envoyé à cette ville des délégués venus de tous les points du pays.

« Les populations voisines se sont portées, de leur côté, vers ces fêtes avec un véritable élan, et jamais nous n'avons vu plus grande affluence.

« A 6 heures du matin, l'artillerie annonçait par deux nouvelles salves de six coups l'ouverture du Centenaire.

« Tout le monde était sur pied et les derniers préparatifs s'achevaient partout.

« A 9 heures, le train de Paris débarque un premier contingent: les *sociétés* de gymnastique de Beauvais et de Clermont, dont la belle tenue est fort admirée. Un premier flot de visiteurs les accompagne et traverse la gare, magnifiquement pavoisée.

« A 10 heures moins un quart, la Commission du Centenaire, la municipalité accompagnée de M. le Sous-Préfet et du député Jametel, le Conseil municipal et les différents services administratifs de la ville, ainsi que les membres du Comice agricole et de nombreux curieux, précédés par la Fanfare municipale, se rendent à la gare, sur la place de laquelle se trouvent déjà rangées en bataille les deux brigades de gendarmerie de la ville, sous le commandement de leur lieutenant.

« A 10 heures et quelques minutes, arrivent : M. Coullier, pharmacien inspecteur des armées, membre du comité de santé des armées, délégué du ministre de la guerre, accompagné de M. Reischert, sous-intendant militaire, officier d'ordonnance du ministre de la guerre; M. Chatin, membre de l'Institut, directeur de l'Ecole supérieure de pharmacie, représentant l'Institut; M. Léon Cohn, préfet de la Somme, accompagné de MM. Laurent, secrétaire général, Morin, conseiller de préfecture et Courty, chef de cabinet; M. le docteur Bourgoin, membre de l'Académie de médecine, M. Planchon, président de la Société de pharmacie, M. Petit, président de l'Association des pharmaciens; MM. Deberly, Descaure, d'Estourmel et Blin de Bourdon, députés; M. Charles Labbé, président et MM. Cocquel et Adéodat Lefebvre, membres de la Chambre de commerce d'Amiens; M. de Fransures, conseiller général, MM. Leroy, du Bos et Bourdon, conseillers d'arrondissement; M. Eugène Gallet, président de la Société industrielle d'Amiens; une délégation de cinq pharmaciens militaires, M. Vion, conseiller municipal d'Amiens ; M. Leluau, inspecteur principal de la Compagnie du chemin de fer du Nord, accompagné de MM. Duval et Cardinet, inspecteurs.

« A ces délégations s'étaient joints M. Jourde, rédacteur au journal le *Siècle :* M. de Gallaix, inspecteur du *Petit Journal*, Pierre Giffard, du *Figaro*, le correspondant de l'*Agence Havas*, et les représentants des divers journaux de la Somme.

« Ces Messieurs sont reçus à la gare par M. de Vienne, président du Comice et du Centenaire, et par M. le Sous-Préfet, accompagné de M. le Maire, des membres de la municipalité et de tous les fonctionnaires de la Ville.

« Retenus par leurs nombreuses occupations, MM. de Lesseps et Pasteur s'étaient excusés, au dernier moment, en exprimant tout le regret qu'ils éprouvaient d'être ainsi privés d'assister à cette fête à laquelle ils avaient si gracieusement accordé leur concours.

« Quant à M. Chevreul, le doyen des savants de France, il s'excusa par la lettre suivante, que le plus petit commentaire affaiblirait :

Monsieur le président,

En acceptant la présidence d'honneur du centenaire de Parmentier, je me rappelle vous avoir dit que je ne pourrais m'y rendre personnellement, vu mon grand âge; veuillez donc être l'interprète de mes regrets près de tous les amis de la fête, et veuillez répéter que Montdidier est pour moi une seconde patrie, car elle donna le jour à Mlle Sophie Davalette, que j'épousai en 1818 et qui fit le bonheur de ma vie durant près d'un demi-siècle. Croyez donc, monsieur le président, que si je manque personnellement à la fête, mon cœur y sera.

Agréez, monsieur le président, l'expression de mes sentiments les plus distingués.

E. CHEVREUL.

« Après un luncheon offert, aux frais et par les soins de M. le Président du Centenaire, dans une des salles d'attente de la gare, transformée en salon à cet effet, le cortège précédé de la Musique municipale et escorté des brigades de gendarmerie, s'est dirigé à pied, vers l'Exposition du Centenaire.

« D'abord s'avançaient, clairons en tête, les dix sociétés de gymnastique venues pour prendre part au concours, dans l'ordre suivant :

« *L'Abbevilloise, l'Amiénoise, la Picarde, l'Espérance* d'Amiens, *l'Avant-garde* de Beauvais, *la Clermontoise, la Compiègnoise, la Patriote* de Villers-Bretonneux, *la Fraternelle* de Moreuil et *l'Avenir mondidérien*, puis la Fanfare municipale de Montdidier. Enfin venaient les personnages officiels, escortés des deux côtés par la gendarmerie.

« Après avoir suivi l'avenue principale, le cortège se dirige par la rue de Rouen vers l'exposition.

« A l'entrée, M. de Vienne, président des fêtes du Centenaire, adresse quelques mots de bienvenue à M. Léon Cohn, préfet de la Somme, puis à M. Coullier, délégué du ministre de la guerre, à M. Chatin, membre de l'Institut et enfin à M. Raviart, maire de Montdidier.

« Après avoir passé en revue les sociétés de gymnastique qui ont formé la haie dans l'enceinte, M. le préfet visite l'exposition avec le plus bienveillant intérêt.

« Cependant les sociétés de gymnastique ont quitté l'enceinte et se sont rendues à l'Hôtel-de-Ville, où M. Carpentier, premier adjoint au maire, leur offre, au nom de la municipalité, le vin d'honneur.

« De là elles se dirigent vers la place du Jeu de Paume où a eu lieu la fête gymnique.

« Quelques incidents dignes d'être signalés : en passant devant la statue de Parmentier la société l'*Espérance d'Amiens* a défilé tête nue ; un membre de la société de gymnastique de Compiègne, dirigée par notre sympathique compatriote M. Henry Lefebvre, a escaladé le monument et a déposé un magnifique bouquet de fleurs dans les bras de Parmentier ; enfin, la *Clermontoise* a déposé une couronne au pied de la statue.

« Ces divers témoignages de respect pour la mémoire de l'illustre philanthrope ont été accueillis par les applaudissements de la foule qui s'était massée sur tout le passage du cortège.

« M. le Préfet avec les autres invités ont longuement et en détail visité l'Exposition. Signalons comme tout-à-fait hors ligne, le pavillon dressé par la maison Vilmorin-Andrieux et Cie et qui contenait des échantillons vraiment superbes de pommes de terre et de betteraves.

« En quittant l'Exposition, le cortège s'est rendu à la distillerie Warin-Prévost où était installé un appareil fort intéressant, pour produire l'alcool de pommes de terre.

« Cette visite terminée, le cortège, en quittant l'exposition, redescend la route de Rouen et entre en ville par la rue Parmentier.

« Il s'arrête quelques instants devant la maison où est né Parmentier. Une plaque en marbre noir où est gravée l'inscription qui suit rappelle cet évènement :

« Parmentier, Antoine-Augustin est né dans cette maison le 12 août 1737. » Puis se remettant en marche, le cortège se dirige par la place de l'Hôtel-de-Ville et la rue de la Croix-Bleue vers la statue de Parmentier devant laquelle toute l'assistance se découvre. La statue tient de la main gauche le magnifique bouquet, offert par la *Compiègnoise*.

« Enfin le cortège gagne par la rue d'Amiens le jeu de Paume du Chemin-Vert où aura lieu le concours de gymnastique, organisé par la municipalité de Montdidier.

« L'emplacement est charmant. C'est avec délices que l'on s'abrite à l'ombre des feuilles naissantes aux grands arbres.

« Une estrade commodément installée reçoit les personnages officiels. En face, sont installés les divers appareils qui serviront au concours.

« Les dix sociétés défilent d'abord devant l'estrade, puis commencent les exercices. — Il nous est impossible ici d'analyser même approximativement la partie technique du concours, qui fut dirigé avec le plus grand savoir, par M. Laly, de Compiègne. Mais nous pouvons dire que l'on a particulièrement remarqué la précision dans les mouvements de la *Beauvaisienne*, des deux sociétés l'*Amiénoise* et la *Picarde*, ainsi que de l'*Abbevilloise*, une société jeune encore, mais parfaitement stylée par son dévoué président M. Le Coustellier.

« Pendant que se prépare le banquet officiel, au Conservatoire d'horticulture, les nombreux visiteurs se répandent dans la ville et s'arrêtent devant les magnificences improvisées partout.

« Avenue de la gare, les décorations de M. Hochedé sont fort remarquées et le mot historique, qu'il place dans la bouche du héros de la fête, *Je vrai voir mes bons amis de Montdidier*, n'a rien perdu de son arome pour être passé de la bouche d'une héroïne dans celle d'un aimable savant.

« L'arc de triomphe monumental de la porte Paris, bien qu'inachevé, fait un effet grandiose.

« La rue Parmentier attire beaucoup de curieux, particulièrement la maison natale du héros de la fête, habitée actuellement par M. Dodé qui, suppléant à l'oubli dans lequel la municipalité avait laissé ce berceau du grand bienfaiteur de l'humanité, en avait fait un véritable petit musée à l'usage du public qui s'est pressé toute la journée devant la jolie statuette de Parmentier, prêtée par un de nos concitoyens, et devant les trois fusains, fort réussis, représentant fidèlement les traits des trois présidents d'honneur de la fête.

« A trois heures, le banquet rassemble tous les invités dans la salle du Conservatoire, décorée de drapeaux et ornée d'un magnifique portrait de Parmentier peint par un habile montdidérien, M. Asselin.

« Parmi les cent et quelques personnes qui prennent part à ce banquet, nous remarquons, outre les autorités déjà citées, MM. Langlet d'Amiens et Lefebvre, de l'*Echo de l'Oise*, parents de Parmentier ; Heuzé, Inspecteur général de l'Agriculture ; Brouant, pharmacien à Paris ; Baland, Bouillier, Rabit, Gessart et Moissonnier, pharmaciens majors, ce dernier venu exprès de Belfort ; Pillon, Président du Tribunal ; Sourdat, Procureur de la République ; Gaudefroy, lieutenant de gendarmerie ; Soinoury et Chovet, sous-préfet et maire de Compiègne ; Raviart, adjoint au maire de Beauvais ; Carpentier, adjoint au maire de Montdidier ; Vilmorin, de Paris, Bertrand, inspecteur primaire ; Boursier, président du syndicat des féculistes de l'Oise ; Camille Triboulet, d'Assainvillers ; Debailly, vice-président du Comice et Emile Pluchet, agent général du Centenaire ; tous les membres du Comité d'organisation, etc., etc.

Au dessert, des discours ont été prononcés par MM. Couillier, de Vienne, Chatin, Léon Cohn, Petit et Bourgeois.

Nous sommes heureux de pouvoir reproduire ces discours qui ont été soulignés par de nombreux applaudissements.

Discours de M. Coullier

Messieurs,

C'est au nom du ministre de la guerre et des pharmaciens militaires, que je viens vous adresser quelques mots pour glorifier la mémoire de l'un des plus grands bienfaiteurs de l'humanité.

Cette tâche, à vrai dire, m'intimide un peu. C'est la grandeur même de celui que nous fêtons, qui m'effraie. Le monde entier connaît et son nom glorieux et son œuvre bienfaisante. Sa ville natale, Montdidier, fière à si juste titre de lui avoir donné le jour, sait depuis longtemps quel fut le savant et l'homme de bien auquel elle a dressé une statue. Il m'a semblé que, pour justifier la bienveillance que vous m'accordez en ce moment, je pourrais retracer un tableau fidèle, non de ses travaux connus de tous, mais de l'homme lui même, et de son caractère, de manière à le faire revivre en quelque sorte au milieu de nous par la magie d'un pieux souvenir.

C'est dans ce but que j'ai étudié ses biographies et médité ses ouvrages, pour faire ressortir les traits saillants de ses travaux, et, à côté du savant, dépeindre l'homme de cœur et le philanthrope.

Parmentier appartenait à une famille bourgeoise, établie depuis longtemps à Montdidier, où elle avait rempli des charges municipales. — C'était un enfant du peuple. — La mort prématurée de son père et l'exiguïté de la pension laissée à une veuve et à trois enfants en bas âge, ne permirent pas de lui donner une éducation brillante. Sa mère lui apprit un peu de latin ; puis, comme il fallait gagner sa vie, il entra comme aide chez un de ses parents, pharmacien à Paris. C'est lors qu'éclata la guerre de sept ans. En 1757, il partit pour la guerre du Hanovre. Cette date est chère aux pharmaciens militaires; c'est celle de son entrée dans le corps qu'il devait tant illustrer par ses travaux. Il avait alors vingt ans.

On connaît les péripéties de cette malheureuse guerre qui nous coûta nos plus belles colonies. Parmentier n'y fut pas heureux, car il fut fait cinq fois prisonnier et dépouillé de ses effets. « Ces hussards, » disait-il en souriant quelques années après, « sont les plus habiles valets de chambre que je connaisse: ils m'ont déshabillé plus vite que je n'aurais pu le faire moi-même: — du reste, ce sont de fort honnêtes gens; ils ne m'ont pris que mes habits et mon argent. »

La fortune ne lui fut cependant pas toujours contraire; c'est là qu'il fit connaissance de deux hommes dignes de l'apprécier, ainsi que vous l'allez voir, Chamousset et Bayen.

Chamousset et Bayen, noms peu connus aujourd'hui, sinon de quelques adeptes, et dignes cependant d'une place dans nos souvenirs à cause de l'influence qu'ils eurent sur sa carrière.

Le premier consacre sa fortune aux malades — il améliore le régime des hôpitaux — crée à ses frais un hôpital modèle où, pour la première fois, on n'entasse pas plusieurs malades dans un même lit. On lui doit l'idée première des associations de secours mutuels. Il était l'intendant général des hôpitaux sédentaires de l'armée. C'est de lui que Parmentier disait plus tard: « On aurait pu appeler sa maison le temple de la bienfaisance. »

Quant à Bayen, ce fut un chimiste habile et un homme intègre dans toute la rigueur du mot. L'histoire n'a pas été juste envers lui. Il fut le précurseur de Lavoisier et le père des pharmaciens militaires qui ne prononcent son nom qu'avec respect. Un jour Parmentier, qui commençait à devenir illustre, est nommé membre du Conseil des médecins et chirurgiens, et se voit ainsi préféré à Bayen, son maître et son ami. Vous devinez la suite: il refuse. Sans doute de nos jours, au milieu de l'ardente compétition des places, on trouverait des traits semblables: celui-ci cependant m'a paru digne de vous être rappelé; c'est un des épisodes du portrait que je m'efforce de tracer.

De pareils hommes étaient faits pour pressentir ce que Parmentier devait être un jour; aussi firent-ils tous leurs efforts pour l'aider et l'encourager.

A la paix de 1763, il rentre à Paris et est admis aux Invalides d'abord en sous-ordre, puis pharmacien en chef en 1772, aux appointements de 1,200 livres et avec un logement. C'était l'existence matérielle assurée et la possibilité de travailler sans avoir le souci du pain de chaque jour. Cette position lui créa cependant des difficultés. Il fut dépossédé de son titre au profit de personnes étrangères à nos études; c'est alors que le roi Louis XV, qui avait de l'esprit à ses heures, déclara que s'il était ministre, jamais pareil fait ne se fût produit: il lui conserva son traitement et son logement à la condition qu'il ne *s'ingérerait* plus à la pharmacie. C'est de cette période que commencent ses recherches qui vont continuer jusqu'à sa mort, sans repos ni trêve.

Cependant ses relations avec Louis XVI étaient commentées. On l'avait vu à la Cour — le roi avait porté des fleurs de pommes de terre à sa boutonnière — il n'en fallut pas davantage pour le rendre suspect: lui l'ami du peuple, le bienfaiteur et le soutien du faible, est obligé de quitter Paris pendant les sombres jours de la Révolution.

Heureusement cet exil dura peu — la Convention lui décernait à quelque temps de là une couronne civique, et lui confiait, en qualité de pharmacien inspecteur, la réorganisation de la pharmacie militaire (problème difficile, sans doute, car il ne paraît pas encore résolu), — et la surveillance générale des approvisionnements de nos armées. A partir de ce moment, ses travaux ne sont plus interrompus.

Ses œuvres comprennent plus de cent mémoires, travaux divers, traités originaux, traductions, etc., dont M. Balland, pharmacien militaire, a donné une nomenclature complète. Il eut pour principaux collaborateurs : Cadet de Vaux, Deyeux, Pelletier, Chaptal, Rozier et Dussieux.

Outre les mémoires qu'il publiait sans cesse, il avait un service très actif. A cette époque le Conseil de santé était chargé des détails et de l'ensemble du service de santé de terre et de mer ; — et de tout ce qui avait rapport non-seulement aux maladies à prévenir et à traiter, — mais encore au choix et à la direction des officiers de santé des deux services. Vous voyez que ces travaux exigeaient une grande activité et beaucoup de tact.

Lorsqu'on parcourt cette longue liste, on est frappé par la convergence de tous ses efforts vers un seul but : l'utilité pratique. Il y a toujours une même morale qui ressort de ses écrits : servir les hommes, — surtout les pauvres et les faibles. Il avait adopté pour devise :

Nisi utile est quod facimus, -- stulta est gloria.

Ce qui frappe encore c'est l'admirable bon sens de tout ce qu'il dit : — On n'a vraiment qu'à être convaincu, et à partager son avis. S'agit-il des écoles par exemple : il verrait avec plaisir que chacune des parties de l'art de guérir fut enseignée par un professeur qui en aurait fait une étude particulière. — « Soyons, dit-il, médecins, ou chirurgiens, ou pharmaciens ; mais n'ayons pas l'orgueil de vouloir exercer les trois parties de l'art de guérir : ce serait nous condamner à une triple médiocrité ».

Au-dessus de ces qualités maîtresses son inépuisable santé paraissait dominer tout le reste. Il était ingénieux pour faire du bien aux gens malgré eux. L'histoire de son champ de pommes de terre aux Sablons est connue du monde entier. Jamais ni avant ni après Parmentier, champ n'a été gardé de la sorte ; et vous pouvez juger de la légitime stupéfaction des gardiens qui venaient chaque matin lui faire un rapport sur les déprédations de la nuit passée, et qui le voyaient d'autant plus joyeux que le pillage était plus complet.

Il avait une manière particulière de rendre service. D'abord il désespérait le solliciteur, témoignant par un chagrin amer sa crainte de ne pouvoir pas réussir — on s'en allait désolé ; — le bon Parmentier prenait aussitôt l'affaire à cœur, il obsédait les ministres, les grands ; obtenait souvent, et plein de joie, mais grondant encore, il apportait lui même le brevet, la décision favorable qu'on avait demandée. On se croyait très reconnaissant envers lui ; — point du tout — c'était lui-même l'obligé, et jamais personne n'aima plus que lui ceux dont il était le bienfaiteur.

J'ai retracé devant vous, il y a quelques instants, l'étendue de sa tâche; eh bien, elle ne lui suffisait pas : il s'occupait encore de soupes économiques, il propageait la vaccine, il organisait la pharmacie centrale des hôpitaux de Paris ; il rédigeait le Codex et le formulaire des hôpitaux militaires ; l'Hospice des ménages était sous sa direction particulière, et il donnait l'attention la plus minutieuse à tout ce qui pouvait adoucir le sort des 800 vieillards des deux sexes qui le composaient.

» En un mot, dit Cuvier, partout où l'on pouvait travailler beaucoup, rendre de grands services et ne rien recevoir : partout où l'on se réunissait pour faire le bien, il accourait le premier, et l'on pouvait être sûr de disposer de son temps, de sa plume, et au besoin de sa fortune. »

Sa fortune cependant ne devait pas être bien considérable. La bienfaisance a pour trait de haute noblesse de ne correspondre à aucun salaire. Le métier d'homme vertueux sera toujours un pauvre métier, et nul ne sera tenté de l'embrasser par l'espoir des produits qu'on y trouve. D'ailleurs les préoccupations pécuniaires ne trouvaient pas de place dans cette belle âme toute remplie de bienfaisance. Écoutez ces paroles :

« Je ne suis dans aucune entreprise et ne fais aucun commerce : je ne sollicite ni place ni pension : je n'ai point d'hypothèque à établir ou à défendre : ayant entrevu une vérité précieuse, j'ai tâché de l'appliquer à nos premiers besoins. » Il s'agissait de sa plus utile découverte.

A sa mort, il légua à ses collaborateurs du *Bulletin de pharmacie* un ouvrage à leur choix, de médecine, chimie, ou histoire naturelle « pourvu » ajoute-t-il « qui n'excède pas huit volumes. » C'était un souvenir de ce qu'il avait de plus précieux, ses livres, qu'il donnait à ses amis.

Parmentier ne fut jamais marié. Il vivait avec sa sœur qui le secondait dans ses travaux de bienfaisance et qui le précéda dans la tombe. Cette séparation assombrit ses derniers jours sans altérer en rien son caractère et sans arrêter ses travaux.

« Une longue et continuelle habitude de s'occuper du bien des hommes, » dit Cuvier, « avait fini par s'empreindre jusque dans son air extérieur ; on aurait cru voir en lui la bonté personnifiée. Une taille élevée et restée droite jusqu'à ses derniers jours, une figure pleine d'aménité, un regard à la fois noble et doux, de beaux cheveux blancs comme la neige, semblaient faire de ce respectable vieillard l'image de la bonté et de la vertu. Sa physionomie plaisait surtout par ce sentiment de bonheur né du bien qu'il avait fait.

La reconnaissance publique ne lui a point fait défaut. Sa ville natale, fière de son enfant, a élevé un monument à sa mémoire. Le Val-de-Grâce possède de lui un buste. L'École de pharmacie de Paris, jalouse de rappeler à ses élèves celui qui aimait tant la jeunesse studieuse, lui a dressé une statue en bronze, ainsi qu'à Vauquelin. Son portrait se trouve également dans la salle des actes de l'école : il a été reproduit et popularisé par la lithographie. Enfin cet homme de bien repose au Père-Lachaise, à quelques pas de La Fontaine et de Molière, dans un tombeau que ses amis ont voulu lui élever. Ce tombeau est fidèlement reproduit au trait dans le 2e volume du *Journal de Pharmacie.* Il est entouré d'un petit jardinet tout fleuri : on sent qu'une main pieuse a passé par là.

Son nom ne pouvait être oublié dans une fête de l'agriculture, et l'hommage qui lui est rendu en ce moment par cette assemblée si digne d'apprécier un homme de bien, serait à ses yeux, s'il pouvait nous entendre, une récompense bien douce, mais non prévue ; car de son vivant, il était le seul à ignorer sa propre grandeur.

Le discours si fin, si académique de M. Coullier, a produit le plus grand effet. Quand les applaudissements se sont calmés, M. de Vienne, président des fêtes du Centenaire, a pris, à son tour, la parole dans les termes suivants :

Monsieur le délégué du ministre de la guerre,
Monsieur le Préfet,
Messieurs,

Je voudrais vous laisser sous le charme des paroles que vous venez d'entendre et pouvoir m'interposer, entre cet habile et touchant orateur, et M. le Préfet dont nous avons reconnu depuis longtemps le mérite et le talent oratoire.

Un devoir de cœur, de reconnaissance, s'impose à nous ; je m'efforcerai de le remplir, en essayant de passer inaperçu.

Et surtout, messieurs, le nombre de ceux qui ont répondu à l'appel du comité est si grand qu'à moins de remercier en termes généraux toutes les sociétés présentes: les Comices et Sociétés agricoles et horticoles de France, le corps des Pharmaciens militaires et un grand nombre de Pharmaciens de France, la Société des agriculteurs de France, la Société nationale d'agriculture,... je me trouverais entraîné à des citations qui finiraient par abuser de votre patience. Permettez-moi donc de signaler seulement la presse française.

Laissez-moi aussi, messieurs, donner un témoignage particulier de reconnaissance à nos illustres présidents d'honneur: M. Chevreul: vénérable doyen de la science, en acceptant avec empressement l'invitation d'accorder son nom pour la glorification de celui de notre illustre compatriote, ne m'a pas laissé l'espoir de le posséder jamais. « Mon grand âge, me dit il, m'interdit tout voyage, mais je suis et je serai toujours avec vous de cœur. Je considère Montdidier comme une seconde patrie, depuis que j'ai eu le bonheur d'épouser, dans votre ville, la bonne, l'excellente Sophie Davalette. J'aime votre ville en souvenir de celle que j'ai eu le malheur de perdre il y a près d'un demi-siècle. »

Permettez-moi d'espérer que vous voudrez bien, Messieurs, m'autoriser à adresser à l'illustre centenaire, en votre nom, la reconnaissance et l'admiration de sa nouvelle patrie. (Double salve d'applaudissements).

M. de Lesseps, le grand perceur de continents, celui que l'étranger nous envie, a accordé avec un égal empressement son nom pour la glorification de la mémoire du grand bienfaiteur du XVIIIe siècle, mais il ne m'a jamais laissé espérer qu'il accepterait une présidence effective; nos instances ont été inutiles. Son concours nous serait assuré sans réserve si le projet de rendre Montdidier port de mer était jamais soulevé. (Rires et applaudissements).

Celui dont l'univers acclame la grande découverte humanitaire nous a manifesté son profond regret de ne pouvoir disposer d'un seul instant en notre faveur, absorbé qu'il est par ses nombreux et chers malades.

Parmentier eût agi de même (applaudissements), c'est ainsi qu'agissent les hommes de cœur, qui se dévouent à une grande œuvre. Parmentier, lui aussi, s'est sacrifié pour un principe, celui de la vaccination, et l'humanité lui doit de nombreux travaux sur la vaccine humaine.

M. Coulier, inspecteur général du service de santé, me paraît, lui aussi, avoir plus d'un point de rapprochement avec celui dont il vient de célébrer la gloire. Sa parole si convaincue me permet d'affirmer qu'il est également animé du plus grand amour du bien public, qu'il veuille donc bien nous laisser le remercier d'avoir accepté la mission que M. le Ministre de la guerre lui a donnée de représenter officiellement le gouvernement au centenaire de Parmentier.

Qu'il me soit permis aussi d'exprimer notre gratitude à M. le Ministre de la guerre pour toutes les faveurs qu'il a daigné nous accorder.

Les canons eux-mêmes ont eu pour notre population un véritable charme. Placés sur le terrain même souillé par l'artillerie allemande pendant l'année néfaste de 1870, ils ont excité un véritable sentiment d'allégresse et d'espérance, qui aidera à faire oublier les désastres dont notre ville a été victime. (Vifs applaudissements).

Enfin, Messieurs, j'entends exprimer des sentiments de satisfaction pour le résultat auquel nous sommes parvenus. Permettez-moi de faire remonter à M. le Préfet de la Somme la plus grande part de ce succès, s'il en existe un. Le Comice de Montdidier a conçu le projet, il a chargé son président de l'exécution avec le concours d'un comité spécial; c'est à la grande bienveillance de M. le Préfet, c'est à sa haute influence que nous devons les faveurs que nous avons obtenues du gouvernement par la représentation officielle qui nous a été accordée sur une si large base. (Applaudissements).

Au nom de l'Institut de France, M. A. Chatin, membre de l'Institut, Directeur de l'Ecole supérieure de pharmacie, prononça ensuite le discours suivant :

Messieurs,

Permettez que ma première parole soit une parole de gratitude pour le comité d'organisation de cette belle fête, et en particulier pour son digne président, M. de Vienne, dont l'esprit d'initiative et de persévérance ne saurait être assez loué.

Parmentier, que Montdidier a vu naître, vécut de 1737 à 1813, traversant ainsi la grande période de la Révolution et prenant part, comme pharmacien militaire, à toutes les guerres de la seconde moitié du XVIIIe siècle, puisque sa carrière commence à l'armée de Hanovre pour se continuer au milieu des immortelles campagnes de la République.

Les exigences d'un tel service, les vicissitudes et les péripéties d'une existence aussi mouvementée, (durant la seule guerre de Hanovre, il fut fait cinq fois prisonnier et complètement dépouillé), semblaient interdire la moindre recherche scientifique; tout autre ne l'eût même pas tenté; mais, c'est le propre des âmes fortement trempées, des esprits d'élite, de s'asservir les circonstances et de n'être pas asservis par elles: loin de se décourager, loin de se laisser abattre par les infortunes et les hasards de la guerre multipliés autour de lui, Parmentier semble y puiser une ardeur nouvelle.

Témoin des souffrances du soldat dont il partage les misères et les dangers, il s'efforce de lui venir en aide et pour améliorer le premier de ses aliments, le pain de munition, il réalise dans la mouture de tels progrès que l'art du boulanger s'en trouve désormais complètement transformé.

Pendant sa captivité en Allemagne, il ne se borne pas à entreprendre des études chimiques qui provoquent l'admiration de Meyer, mais s'applique à réunir toutes les observations, tous les faits capables d'établir d'une façon irréfragable les propriétés alimentaires de la pomme de terre, que d'aveugles préventions frappaient en France d'une proscription à peu près absolue. Il s'efforce de dissiper ces vaines terreurs, il a le bonheur d'y parvenir et réhabilite définitivement cette plante précieuse entre toutes, que le sentiment populaire décore du nom de Parmentière, naïf et touchant hommage que la modestie du grand homme de bien empêche seule de se perpétuer comme il l'eût mérité.

On ne manquera pas de rappeler, avec les éloges qui leur sont dus, ses recherches relatives au maïs, aux « végétaux nourrissants, qui, dans les temps de disette, peuvent remplacer les aliments ordinaires », à la conservation des grains et farines, à la préparation des sirops, des vinaigres et des salaisons, à la composition du lait chez les diverses espèces animales, etc.

Je préfère m'attacher à mettre en lumière la tendance qui domine l'œuvre de Parmentier : un ardent amour de l'humanité, un esprit scientifique des plus élevés, telle est sa caractéristique ; on n'en saurait souhaiter de plus enviable, et sans esquisser un parallèle souvent tracé, on ne peut s'empêcher de placer Parmentier auprès de son contemporain Vauquelin. Tous deux appartenaient au même corps, et si les travaux de Vauquelin ne peuvent prétendre à une notoriété aussi universelle, ils n'en demeurent pas moins fort honorablement appréciés ; la postérité a d'ailleurs tenu à confondre dans un impartial hommage ces deux rivaux, ou plutôt ces deux émules dont les statues s'élèvent aujourd'hui, fraternellement rapprochées, dans la cour d'honneur de l'un de nos plus beaux palais universitaires.

Veuillez, Messieurs, permettre à celui qui fut à la peine, de revendiquer devant les compatriotes et les admirateurs de Parmentier, l'honneur d'avoir été le promoteur de ces monuments dont le bronze sera moins durable que le souvenir des grands hommes auxquels ils sont consacrés.

Je me reprocherais de retarder plus longtemps le moment où des voix éloquentes vont exposer en détail les travaux et les mérites de Parmentier ; cependant je ne puis m'empêcher, en terminant, de faire remarquer que parmi les titres si nombreux qu'il possède à notre admiration et à notre reconnaissance, il en est un qui ajoute encore à leur importance scientifique et humanitaire : Parmentier fut un initiateur et un initiateur de génie ; c'est en suivant la voie qu'il avait si brillamment ouverte que d'éminents expérimentateurs, Payen, Péligot, Boussingault ont créé la chimie agricole et jeté les bases scientifiques de l'hygiène alimentaire, se montrant les dignes successeurs de Parmentier dans la section d'Economie rurale de l'Académie des sciences.

Honneur donc à l'agronome sagace entre tous, au bienfaiteur de l'humanité, au savant modeste et consciencieux qui peut être regardé comme un chef d'école; Honneur à Montdidier et à la Picardie dont Parmentier fut l'un des meilleurs et des plus illustres enfants; honneur enfin au gouvernement de la République, dont la haute et constante sollicitude, toujours acquise aux grandes causes, s'affirme encore solennellement aujourd'hui! Deux ministres ont tenu à rehausser de leur présence l'éclat de cette fête où nous célébrons l'une de nos plus pures gloires nationales; qu'ils reçoivent ici l'expression de notre profonde gratitude; qu'ils me permettent de les remercier, au nom de l'Institut de France, d'avoir bien voulu s'associer à l'hommage que nous rendons au savant, au patriote dont la reconnaissance publique a depuis longtemps inscrit le nom parmi ceux de la petite, mais glorieuse phalange, des grands français.

M. le Préfet de la Somme a pris, à son tour, la parole et, dans une courte et spirituelle improvisation, il a rendu témoignage aux organisateurs des fêtes du Centenaire, au Président du Comice agricole de Montdidier, ainsi qu'à l'initiative de chacun aussi bien que de la municipalité, pour le zélé concours que la population tout entière a apporté à la réussite ainsi qu'à l'éclat de cette solennité. Le succès de M. Léon Cohn a été des plus vifs. On a retrouvé en lui l'orateur charmeur et insinuant dont l'habileté est inoubliable pour quiconque l'a une fois entendu.

M. Raviart a répondu à M. le Préfet en quelques mots improvisés dont nous ne possédons pas le texte.

M. le docteur Bourgoin, membre de l'Académie de médecine, délégué de l'Ecole de Pharmacie de Paris, a prononcé le discours suivant:

Messieurs,

L'Ecole supérieure de Pharmacie de Paris ne pouvait qu'accepter avec empressement la proposition qui lui a été faite de déléguer un de ses professeurs pour assister à cette solennité.

N'est-ce pas elle qui, la première à Paris, sur l'initiative de M. Chatin, son directeur, a érigé la statue de Parmentier dans sa cour d'honneur, à côté de celle de Vauquelin ?

Parmentier et Vauquelin! Deux savants aimés que l'impartiale histoire nous approuvera d'avoir placés dans la même enceinte.

En effet, tous deux, par des voies différentes, sont arrivés au même but : celui-ci, dans une série de magnifiques mémoires, arrache à la terre une partie des trésors qu'elle renferme; celui-là, avec non moins de persévérance, oblige la nature vivante à nous fournir avec profusion l'un des produits les plus précieux qui servent à l'alimentation de l'homme, un mets qui fait les délices du pauvre, et qui n'est pas dédaigné sur la table du riche.

Et pour parvenir à de si grands résultats, nos deux savants n'appellent à leur secours ni la richesse, car ils sont pauvres; ni la faveur des grands, car ils sont fiers et indépendants; ni le prestige d'un grand nom, car ils sortent des rangs les plus humbles de la société. Leur puissance réside dans leur ardeur au travail, dans leur amour de la science, dans leur ardent désir de faire le bien.

Garçon de laboratoire à Rouen, puis élève en pharmacie à Paris, Vauquelin devint professeur au collège de France, professeur à l'Ecole de Mines, directeur de l'Ecole de Pharmacie de Paris, membre de l'Institut.

D'abord simple élève en pharmacie à Montdidier, Parmentier fut successivement: Pharmacien aide-major à l'armée de Hanovre, pharmacien-major des Invalides, inspecteur général, membre du Conseil de santé des armées, membre de l'Institut depuis sa création.

Il fut l'élève de Bayen, autre pharmacien militaire, qui doit être considéré comme le précurseur de notre immortel Lavoisier.

Avoir suscité Parmentier! Voilà de quoi dédommager Bayen de n'avoir pas eu la gloire d'attacher son nom à la découverte de l'oxygène, lui qui a eu ce gaz par entre les mains, lui qui, le premier, a osé saper dans sa base la célèbre théorie du phlogistique!

C'est de ce maître austère, dit Cuvier, que Parmentier apprit deux choses: d'une part, l'étendue, la variété des misères auquelles il serait possible de soustraire les peuples, si l'on s'occupait plus sérieusement de leur bien-être; d'autre part, le nombre et la puissance des ressources que la nature offrirait contre tant de maux, si l'on voulait en répandre et en encourager l'étude.

De 1772 à 1813, date de sa mort, Parmentier publie une série ininterrompue de mémoires sur les produits qui servent ou qui peuvent servir à l'alimentation de l'homme, notamment: sur la pomme de terre, le blé, l'orge, le riz, le maïs et les farines; le biscuit de mer et le chocolat; la patate et les topinambours; l'eau, le lait, le vin, le vinaigre et les eaux-de-vie; les truffes et les champignons; les matières sucrées, les sirops, les conserves et hydromels.

Au milieu de ses occupations multiples, il trouve encore le temps de se mêler activement au mouvement scientifique de son époque.

Prenez les Annales de chimie et de physique, et vous y trouverez, dès le 33e volume, le nom de Parmentier, associé à des noms chers à la science: Guyton de Morveau, Monge, Berthollet, Fourcroy, Vauquelin. C'est dans ce recueil célèbre qu'on trouve tous les mémoires qu'il nous a laissés et qu'on peut se faire une idée de son riche langage scientifique.

Ouvrez le Bulletin de pharmacie, fondé en 1809, bulletin qui se continue de nos jours sous le nom de *Journal de pharmacie et de chimie*, vous y verrez qu'il est rédigé par Parmentier, membre de l'Institut de France, premier pharmacien des armées; par Cadet, Planche, Boullay, Boudet, Destouches. Ainsi, ceux qui occupent les premiers rangs dans la pharmacie civile s'inclinent devant Parmentier et viennent se ranger sous sa bannière.

Oui, la pharmacie militaire a raison d'être fière de compter Parmentier parmi ses membres. Et quelle ne serait pas la douleur de ce maître vénéré, s'il voyait aujourd'hui cette pharmacie militaire, qu'il aimait tant, faire un pas en arrière et être momentanément subordonnée à la médecine, alors que l'indépendance absolue de la médecine et de la pharmacie a été proclamée par la Convention, ainsi que par tous les hommes compétents, indépendants, amis du progrès, ennemis des coteries et des mesquines ambitions !

Mais, Messieurs, Parmentier n'appartient pas seulement à la pharmacie, il appartient à l'humanité tout entière, il brille au premier rang parmi ses bienfaiteurs.

Quelle noble tâche que la sienne! Essayer d'éloigner à tout jamais de l'homme la hideuse famine, ce fléau si redouté de nos ancêtres; diffuser le bien-être au sein de la société, voilà l'œuvre grandiose de Parmentier.

Sans être taxé d'exagération, on doit donc le placer à côté des grands hommes qui ont contribué à faire du dix-neuvième siècle le siècle des merveilles: à côté des Watt, des Fulton, des Stephenson, qui ont dompté la vapeur pour l'asservir à nos besoins; à côté de ceux qui, nouveaux Prométhées, ont ravi le feu du ciel et forcé la foudre, en fidèle messagère, à transmettre instantanément la pensée humaine d'un bout à l'autre du globe.

S'il est une chose consolante, Messieurs, c'est de voir que ce grand mouvement scientifique, qui emporte l'homme vers une destinée meilleure, ne se ralentit point à notre époque: Ne voyons-nous pas, de nos jours, un français se jouer des obstacles séculaires, percer des isthmes, réunir des mers, rapprocher des peuples!

Que la ville de Montdidier continue donc à s'enorgueillir, elle aussi, d'avoir donné le jour à un grand français; qu'elle soit assurée que toutes les fois qu'elle provoquera des solennités en l'honneur de Parmentier, elle verra toujours accourir à sa voix les fidèles admirateurs de l'une des gloires les plus pures de notre chère patrie.

Au nom de la société de Pharmacie de France, M. Planchon, professeur à l'école supérieure de pharmacie, a prononcé les paroles suivantes :

Messieurs,

Vous ne serez pas surpris qu'après le représentant de l'École je vienne demander un instant la parole au nom de la Société de Pharmacie de Paris. L'Ecole et la Société émanent, en effet, de la même source, l'ancien collège de Pharmacie et c'est comme membre de ce collège que Parmentier se rattache à l'une et à l'autre. Ai-je besoin de vous dire le rôle considérable que joue dans la Société une personnalité aussi marquante? On s'en aperçoit en jetant un coup d'œil sur les actes et les procès-verbaux de cette Compagnie. La Société se fonde en l'an XI. Parmentier en est le premier président, et cet honneur se renouvelle pour lui périodiquement de trois en trois ans, jusqu'au moment de sa mort en 1813. Il répond d'ailleurs, par son dévouement, à ces marques d'une affectueuse déférence; il s'occupe non seulement de diriger les séances, mais aussi de la rédaction du journal; il communique d'intéressants travaux, et quand il se sent arrêté par la maladie, il veut qu'un témoignage de sympathie rappelle encore après sa mort sa bienveillance pour la Société: et il lègue à la Société un prix de 600 francs qu'elle est spécialement chargée de décerner.

Nous ne saurions être trop reconnaissant vis-à-vis de ces sages qui, infusant dans leur antique et vénérée institution l'esprit des temps nouveaux, ont donné à notre Société les éléments de stabilité et de prospérité dont elle jouit depuis le commencement du siècle, et nous saisissons avec empressement l'occasion de rendre hommage à l'un des plus illustres, à Parmentier, son premier président et son généreux donateur.

Enfin la série des toasts s'est terminée par une courte, mais chaleureuse allocution de M. Petit, président de l'Association des pharmaciens.

Le banquet s'est terminé vers 6 heures et tous les invités ont regagné la gare, jetant un dernier coup d'œil sur les décorations de la ville, dont la population montdidérienne s'est montrée si prodigue.

Et, pendant ce temps, à la suite du défilé en excellent ordre des Sociétés de gymnastique, la Fanfare municipale, qui s'est multipliée toute la journée, a offert un Concert sur la place Parmentier.

Après ce concert arriva le bal, puis les illuminations qui, partout, furent des plus brillantes. La place et la statue de Parmentier offraient surtout une magnifique décoration *a giorno*.

En terminant, qu'il nous soit permis de rappeler ce détail peu connu : lors de leur entrée à Montdidier, en 1870, les Prussiens, à qui la découverte de Parmentier a été utile plus qu'à tout autre peuple, tirèrent des coups de fusil sur la statue de leur bienfaiteur...

La fête du 26 avril 1886 a bien vengé la mémoire de l'illustre et charitable Français !

***

La manière dont s'était passé ce premier jour, ne pouvait que faire concevoir les plus belles espérances, pour la suite de cette touchante Fête de la reconnaissance.

Ces espérances ne furent pas déçues et chaque jour, pendant toute la durée de l'Exposition, amena son nombreux contingent de visiteurs : qui, pour étudier les nombreuses variétés de Pommes de terre exposées; qui pour assister aux très intéressantes Conférences agricoles qui eurent lieu, et en faire leur profit.

Les Concours spéciaux, aussi bien que le Concours ordinaire du Comice, et la splendide Cavalcade organisée, sous les auspices de la commission du Centenaire, par les jeunes gens de la ville, n'attirèrent pas moins la foule. — Le Ballon lui-même ne contribua pas pour peu à ces attractions diverses.

Nous allons donc, suivant rapidement l'ordre de ces choses, dire un mot de chacune d'elles :

EXPOSITION ET CONCOURS DE CHEVAUX

Placé la veille du grand marché annuel de Roye, ce Concours hippique avait peu de chances de réussite ; cependant il fut encore respectable surtout par la qualité des sujets présentés.

Nous laissons d'ailleurs faire son appréciation à l'honorable inspecteur général honoraire des haras, M. le baron de la Motte qui, de passage à Montdidier, voulut bien mettre au service de la commission chargée de ce Concours, sa bonne volonté et ses connaissances éprouvées.

Il dit :

« Samedi, à 2 heures, a eu lieu sur la place du Marché-aux-Chevaux, le Concours annoncé dans le programme du Centenaire.

« Un bon nombre d'exposants avait répondu à l'appel du Comice agricole et du comité du Centenaire ; les chevaux exposés étaient dignes de figurer dans ce Concours qui, en quelque sorte improvisé, n'en a pas moins parfaitement réussi. »

— Sans doute, il aurait été désirable que ce Concours fut plus marquant encore, vu surtout l'intérêt que les étrangers semblaient y prendre, si on en juge d'après la dépêche suivante que recevait quelques jours auparavant M. le Président du Centenaire :

« Le Hâvre, 22 avril 1885.

« Monsieur le Président du Comice et du Centenaire de Parmentier, Montdidier.

« Veuillez avoir l'obligeance de me donner les noms et adresses des meilleurs Fermiers-Eleveurs de votre contrée pour les chevaux de Gros-Trait.

« *C'est à titre d'interprète de mes compatriotes, les Américains, que je vous fais cette demande, faisant un grand nombre d'acquisitions, en France, pour les sus-dits chevaux de gros trait.*

« *Agréez, Monsieur, l'assurance de ma considération la plus distinguée.*

A. C. Mulvany, Interprète.

mais nous avons dit pourquoi il ne put être plus brillant.

Toutefois nous sommes heureux d'adresser, à cette occasion, tous nos remerciements et nos compliments à M. le baron de la Motte. Chacun le sait d'ailleurs, il est des nôtres par son grand-père, l'héroïque et illustre montdidérien Jean Dupuy; les fêtes du Centenaire de Parmentier ne pouvaient donc le laisser indifférent; c'est ce qu'il nous a prouvé. Nous l'en remercions.

LA CAVALCADE

Quels souvenirs joyeux ce mot n'évoque-t-il pas dans la mémoire des Montdidériens : *la Cavalcade ?*

Et chacun de narrer les fêtes d'antan : marches de jour ou marches de nuit; cavalcades historiques ou cavalcades burlesques ; et tous d'ajouter : impossible de faire mieux.

Nous ne dirons pas qu'aujourd'hui on a fait mieux, mais si nous en jugeons par la chronique, on a fait bien, très bien. Passons donc, encore une fois, la parole aux étrangers, puisqu'il est reconnu qu'on ne peut être juge et partie.

« Favorisée par le beau temps qui, depuis le commencement des Fêtes du Centenaire, malgré certaines menaces d'interruption, n'a cessé de leur être fidèle, la Cavalcade de dimanche dernier, dit un de ces étrangers, a répondu à l'attente générale. Elle a été magnifique, et de toutes parts les visiteurs sont accourus nombreux ; moins d'étrangers à la région, sans doute, mais une foule de tous les pays environnants. Et tous sont repartis enthousiasmés de leur journée.

Vers deux heures 1/2 le cortège, qui s'était formé route de Rouen, s'est mis en marche.

En tête s'avançaient sept trompettes à cheval, et en costume de Gardes françaises. Venaient ensuite : l'étendard aux armes de la ville porté par un officier de Gardes françaises, escorté de deux cavaliers; un peloton de

Gardes françaises, l'excellente fanfare municipale de Montdidier, conduite par son chef, M. Baloche.

Le *char historique* de Montdidier était très bien organisé. Il figurait un fort du moyen-âge, et était traîné par quatre bœufs. Sur le devant on remarquait un soldat du 16e territoriale, le présent ! Ce militaire tenait en main le drapeau français. Il avait à sa droite un de ces moblots montdidériens qui, en 1871, pendant le siège de Paris, se distinguèrent au combat du Moulin de Pierres, et à sa gauche un officier de notre garde nationale de 1848. Cet officier portait le fanion authentique, donné le 11 juin 1848 par la deuxième légion de la garde nationale à ses frères de Montdidier.

On voyait encore sur ce char un sapeur de la garde nationale de 1830, un de ces soldats qui, en 1815, combattirent contre les Cosaques, au bois des Tilleuls, vers Pierrepont, près de la route de Montdidier, un des fameux arquebusiers montdidériens, qui repoussèrent les troupes de Jean de Werth, en 1636, Pierre Tristan, le preux montdidérien qui s'illustra à la bataille de Bouvines où il sauva la vie au roi de France Philippe-Auguste (1214). Au milieu du char étaient les bannières de la fanfare municipale, de feu l'orphéon, de la Compagnie du noble jeu de l'arc, etc., etc. Enfin, à l'arrière sur une tourelle, se tenait le roi *Carolus magnus*. Charlemagne, *galant* pour les dames, mais fier et terrible guerrier, avait à ses pieds son prisonnier Didier, le dernier roi des Lombards, Didier qui a donné son nom à notre ville.

Les seigneurs Louis XV qui suivaient, à cheval, le char de Montdidier étaient revêtus de riches et brillants costumes.

Le Char de l'industrie des cuirs présentait un ensemble complet de tous les produits des tanneries, corroieries et mégisseries montdidériennes; sur une base en écorce de chêne s'élevait une pyramide quadrangulaire. Chaque face de cette pyramide était ornée d'une superbe rosace en basane. Autour de la pyramide se tenaient des ouvriers tanneurs, corroyeurs et mégissiers porteurs de leurs outils. On y remarquait aussi des cuirs à scier et des cuirs sciés.

Derrière le char venaient les corporations des ouvriers tanneurs, corroyeurs et mégissiers; après ceux-ci, des seigneurs du temps de Louis XV à cheval et en costume de chasse, puis la fanfare de Guerbigny, dirigée par son chef, M. Brunel.

Le char de la brasserie Renon attirait tous les regards. Un charmant petit Gambrinus de 10 à 12 ans, la coupe en main, trônait au-dessus d'un foudre. Gambrinus était entouré de sa cour, composée de vingt-cinq ou trente bébés revêtus de jolis costumes. Sur son passage, ce char, le plus coquet de tous, a bien des fois soulevé les applaudissements des spectateurs, et fait la joie des gamins à qui toute la cour des Gambrinus envoyait des dragées. Il était suivi d'une troupe de flamands.

La voiture de maître excitait l'hilarité générale. Sur le devant étaient assis un singe (l'automédon) et un nègre en gommeux. Debout dans la voiture se tenait deux magnifiques ours noirs qu'accompagnait leur dompteur en habit. Ces ours n'étaient nullement des ours mal léchés, car ils ont plus d'une fois salué très gracieusement le public.

Fort drôles les pierrots coiffés de gibus, et montés sur des aliborons.

Très cocasse aussi la noce de légumes. Sur la place de l'Hôtel-de-Ville, choux, radis, carottes et cornichons ont dansé un quadrille. C'était on ne peut plus amusant.

La fanfare de Morisel ayant à sa tête son excellent président, M. Lecomte, maire de la commune, précédait le char des cuisiniers de la maison Prévost. Sur ce char se tenait Vatel, l'épée au côté, et derrière ce maître-queux était placé un énorme pâté rempli de... marmitons, en guise de cochons de lait. Ces marmitons soulevaient de temps en temps le couvercle du monumental pâté et riaient aux éclats.

Le char de la maison Prévost était suivi d'un groupe composé de cuisiniers, de pâtissiers et de marmitons; derrière ceux-ci s'avançaient des seigneurs Louis XIII, un guerrier sauvage qui, naturellement, poussait des cris sauvages, et la société de gymnastique l'*Avenir Montdidérien.*

Le char apothéotique de Parmentier était traîné par des hommes du peuple. Au milieu de nuages on voyait Parmentier en costume de membre de l'Institut; le grand homme était assis à sa table de travail.

Un superbe peloton de hussards d'Augereau fermait la marche.

Le long du cortège étaient échelonnés des quêteurs en costumes divers : capitaines du temps de Louis le Hutin, seigneurs du temps de François Ier, pages du règne de Henri II, de celui de Charles IX, seigneurs de l'époque de Louis XV, mexicains, espagnols, tyroliens, etc. Tous ces costumes étaient très frais et fort brillants.

La quête a produit une somme totale de 685 fr. 75.

La cavalcade est revenue à son point de départ vers 5 heures du soir.

Elle a été continuellement suivie par un Anglais, sir A. Fall, reporter du journal londonien *la Patate*. Sir Fall qui, malgré ses longs favoris roux, ressemble étonnamment au fils d'un excellent montdidérien, M. V. Besse, pharmacien, était à cheval et muni d'une lorgnette, d'une sacoche, d'un carnet, d'une ombrelle. Il ne lui manquait qu'un appareil photographique sur le dos. De temps en temps, sir A. Fall prenait des notes qu'il s'est empressé de transmettre le soir à son journal. Nous croyons savoir que le correspondant de la *Patate* restera à Montdidier jusqu'à dimanche soir. Comme ce soir là, l'aéronaute Lhoste doit faire une ascension dans notre ville et passer encore une fois la Manche, sir Fall profitera de cette occasion pour retourner dans le Hangleterre.

Nous pouvons dire, sans crainte d'être démenti, que la fête de ce jour a parfaitement réussi et que tous nos visiteurs s'en sont retournés émerveillés.

Bref, l'initiative privée s'est manifestée, cette fois encore à Montdidier, avec un entrain merveilleux. Nous nous faisons un devoir de citer tout particulièrement les deux présidents : MM. Henri Pia, et L. Vaniambourg, ainsi que les membres du Comité, Asselin, Boulongne, Lejeune, Lefèvre, Carpentier, Collin, Louis Mangot, Charles Thiébaut.

Le soir, la ville présentait dans tout le parcours principal, de la Porte Paris à la statue Parmentier, une illumination des mieux réussies ; la rue Parmentier — comme de raison — l'emportait sur toutes les autres. La rue d'Amiens et la rue de Roye méritent aussi une mention spéciale.

Et, pour tout terminer joyeusement, un bal organisé

par le Comité de la Cavalcade dans le conservatoire d'Horticulture, permit aux jeunes gens qui formaient l'escorte des chars de faire briller, aux regards émerveillés de la galerie, la richesse et l'élégance de leurs splendides costumes.

Ce bal, qui fut très animé, ne se termina qu'à 4 heures du matin.

LE CONCOURS DE CHIENS

Organiser un concours de chiens semble chose aisée et de peu d'importance, vu surtout la facilité du recrutement des sujets. En effet, on n'a que l'embarras du choix et cependant c'est là que gît la difficulté : il est si rare, dans ce grand nombre d'*amis de l'homme* de trouver des sujets de race, et c'est néanmoins la première exigence d'un concours sérieux. Aussi les paris étaient-ils grandement ouverts lorsque ce concours fut annoncé : les uns, timidement, tablant sur un succès ; les autres se prononçant hardiment, quoique à regret croyons-le, pour une défaite.

Quel fut le véritable résultat ?

Voici ce qu'en dit l'honorable inspecteur honoraire des Eaux et Forêts, M. Fessart, qui voulut bien avec deux de ses amis M. le comte d'Archiac et M. Adrien du Bos, accepter la lourde responsabilité de juger les mérites de ce concours ; ce dont nous ne saurions assez les remercier :

« La ville de Montdidier vient de donner l'exemple du résultat que peut obtenir une intelligente initiative individuelle. Sous l'inspiration du Comice agricole, un concours de chiens d'utilité et d'agrément a été institué, et la réussite a dépassé toutes les espérances.

« Une installation économique quoique parfaitement entendue a été établie, et plus de cent propriétaires de chiens ont répondu à l'appel de M. de Vienne. Tous ont loué sans restriction l'organisation du concours.

« La publicité ayant été restreinte aux journaux de l'arrondissement, l'Exposition ne comprenait guère que des sujets du pays et appropriés aux usages de la chasse de la région.

« Les chiens d'arrêts et les bassets français étaient largement représentés, et nous avons rarement rencontrés de plus beaux spécimens que les griffons de M. Labitte du Mesnil-St-Georges. Pour ce dernier, le Jury a cru une sélection longue et difficile à établir, car les types étaient aussi nombreux que distingués.

« Jamais à aucune Exposition canine, ce chien modeste si apprécié du chasseur campagnard n'a eu les honneurs d'une discussion aussi longue et aussi intéressante pour le Jury.

« Monsieur le baron de Segonzac a remporté haut la main, les prix destinés aux Pointers et aux Lavaracks.

« Monsieur de Bracquemont avait envoyé son jeune et vaillant équipage de sanglier, auquel il ne manque que quelques années d'existance pour être à la hauteur des Vautraits les plus renommés.

« Le Jury, composé de MM. Fessart, comte d'Archiac et A. du Bos, n'a eu qu'à adresser des éloges sans limites aux organisateurs de cette Exposition, sans oublier M. Hermier qui a bien voulu se charger du secrétariat et de toute l'organisation matérielle du Concours. »

L'EXPOSITION D'OISEAUX DE VOLIÈRE

Fort intéressante l'Exposition d'oiseaux qui se tient à l'ancien Conservatoire d'horticulture, écrivait un journal de la région.

Les visiteurs s'arrêtent devant la magnifique collection de M. Ch. Croizet, oiseleur à Amiens. Cette collection comprend de superbes perroquets, des rossignols bleus du Brésil, dont le plumage se rapproche de celui du martin-pêcheur, des rossignols du Japon, des moqueurs, des diamants d'Australie, des cardinaux d'un beau rouge, de coquets damiers, de charmants capucins, de belles colombes du Sénégal, des colombes masque de fer, des gentilles colombes Iophates, des pigeons russes, des pigeons voyageurs, des canards de la Caroline, des hirondelles de Java, des mandarins, des chevaliers, des combattants, etc., etc.

On admire aussi beaucoup les splendides pigeons romains de M. Gauthier d'Abbeville, le petit duc et les tourterelles de Mme Renard, les serins de MM. Gerling et Houtin, les perruches ondulées de M. Pilon, bourrelier et le merle de M. Desvergées.

Nous ne pouvons ajouter à cette appréciation que le

regret d'avoir vu tant d'amateurs de notre région s'abstenir de prendre part à cette Exposition. — Nous en connaissons plus d'un qui s'en repentent vivement; mais il est un peu tard.

LE CONCOURS DU COMICE

Le Concours ordinaire du Comice contrairement aux habitudes dura, cette année, deux jours. Le premier fut entièrement consacré au travail des instruments et au fonctionnement des jurys; le second à l'exposition desdits instruments et des animaux des espèces bovine, ovine, porcine et de basse-cour.

Cette dernière exposition fut des plus brillantes: l'espèce bovine se faisait surtout remarquer par les splendides croisés Durham de MM. Debailly, de Mézières; Lavoine, de Campvermont et de Garsignies, de Beaufort qui, tous trois, obtenaient quelques jours après, au Concours régional de Lille, de flatteuses distinctions, d'autant plus méritées que les concurrents étaient en très grand nombre. Les petites vaches bretonnes de M. Vincent Graval, de Fontaine, ne laissaient pas que de donner leur piquant à cette exhibition qui, avec les lots remarquables de vaches du pays, présentés par MM. Gobin, Lefebvre, Leroy, Pointin, etc., etc. offrait un concours complet.

Il en était de même pour les animaux de l'espèce ovine où, parmi les nombreux lots exposés, on remarquait surtout les Dishley-mérinos et les South-Down de MM. Dumont de Crémery, Grimaux de Parvillers et Lefebvre de Fescamps; les Mérinos purs de MM. Poulin de Cressy-Omancourt, Mortier de Welles et Portemont de Cantigny; les Picards purs de MM. Maquaire d'Orvillers, Passet du Plessier-Rozainvillers, Persin de Gratibus et Rougeré de Rosières; les anglo-picards de MM. Lavoine de Campvermont, Cordier de Chirmont et Houbron du Chaussoy; enfin les lots divers présentés par MM. Ancelin, de Grivillers, Boitel de Belle-Assise, Descamps de Piennes, Triboulet d'Assainvillers, etc., etc.

L'espèce porcine, toujours très rare à nos concours, l'élevage ne se faisant pas dans nos contrées, était cependant très bien représentée par les magnifiques sujets exposés par MM. Camille Triboulet d'Assainvillers et Lefebvre de Fescamps.

Quant à la basse-cour, ses sujets très nombreux et de premier choix attiraient l'attention de tous les amateurs.

Cette exposition était complète; toutes les bonnes espèces de nos pays y figuraient, aussi bien que de nombreuses espèces étrangères telles que: les Cochinchinois, les Yokohama, les Canards mandarins, les Aleysbury, les lapins angora et les géants des Flandres, etc., etc.

L'Exposition d'instruments agricoles ne le cédait en rien à celle des animaux, ni par le nombre, ni par la qualité, — nous en donnons la liste détaillée plus loin, — et présentait à tous les visiteurs un très grand intérêt.

Voici d'ailleurs ce qu'en dit un maître ès-arts agricoles, le frère Antonis, directeur à l'Institut agricole de Beauvais, à qui nous cédons très volontiers la parole :

« En revenant à Montdidier après 8 longues journées de chaleurs tropicales nous retrouvons encore même verdure, même gaîeté. Les indécis, les retardataires, peut-être même quelques indifférents n'ont pas voulu rester en arrière ; aujourd'hui chaque maison est pavoisée de drapeaux ; les oriflammes, les inscriptions se sont multipliées ; la Ville tout entière a véritablement revêtu ses plus beaux habits de fête.

« C'est que, en effet, le 9 Mai restera une date à jamais célèbre dans les annales de la cité de Parmentier.

« Au Concours, les Pommes de Terres et quelques gracieux entourages étaient un peu fanés ; mais des mains habiles et délicates sont venues réparer tout cela.

« A côté de l'exposition, nous trouvons un nouveau sujet d'étude. Des instruments agricoles, ornés aussi pour la circonstance, sont venus se grouper par catégories dans le champ attenant à la fabrique.

« Nous félicitons MM. les organisateurs de la bonne pensée de faire figurer à cette fête des engins qui rendent de si éminents services à l'agriculture.

« Les Machines agricoles n'ont-elles pas pour but immédiat de suppléer, de remplacer la main-d'œuvre devenue si rare et si chère de nos jours? Souvent elles permettent plus de travaux auxquels on les applique.

« Les inventeurs, les constructeurs des divers instruments agricoles ne méritent-ils pas la considération la reconnaissance de celui qui exploite le sol !

« Il faut que ce dernier étudie avec soin ceux qui peuvent contribuer, pour une large part, aux bons résultats financiers de son entreprise. Dans un concours il ne devra pas se laisser éblouir par les couleurs plus ou moins voyantes dont ils sont revêtus, ni par l'éloquence plus ou moins persuasive du vendeur. Il doit se rendre apte à distinguer un bon instrument et savoir s'en servir. Son choix doit se porter de préférence sur ceux dont la simplicité pour la mise en marche, le réglage, la réparation correspond avec la solidité et la légèreté.

« Nous n'entreprendons pas une description détaillée de chacun d'eux, le temps et l'espace nous font défaut; nous dirons quelques mots de ceux qui ont particulièrement fixé notre attention.

« Nous trouvons là une herse, la perfection du genre, dite la *Couleuvre*. Elle est due à un constructeur émérite, M. Em. Puzenat, de Bourbon-Lancy (Saône-et-Loire).

« Les clavettes, les boulons, les lourds bâtis ont disparu.

« C'est du bon fer aciéré, contourné, cordé, et formant des espèces de losanges armés de 4 dents, lesquelles ne sont autre chose que le prolongement des deux tiges qui ont servi à faire les mailles. Chaque section se joint à sa voisine par un crochet formé par la courbure même des branches du chassis.

« Deux tiges de fer, elles-mêmes articulées, l'une en avant, l'autre en arrière, relient le tout et constituent une espèce de rectangle à dimensions variables, suivant les couples. Quand on veut faire un travail très énergique on augmente les séries dans le sens de la longueur. Alors des brancards et des petites roues, en avant, rendent leur traction plus facile à régler, de son siège le conducteur donne de l'entrure à volonté au moyen d'un simple levier. La mobilité, la souplesse de cet instrument permettent d'exécuter un travail parfait, soit pour la division et l'ameublissement du sol, soit pour les sarclages et le recouvrement des graines.

« Un autre constructeur, M. Bajac de Liancourt, représenté par Mr Lefebvre du Ployron (Oise) expose une *Arracheuse de pommes de terre*. C'est une espèce de charrue à large soc suivi d'une fourchette bombée en dessus et passant sous les touffes que l'on veut arracher. En arrière, au-dessus du talon, se trouve une queue d'hirondelle à claire voie. Pendant la marche de l'instrument la terre meuble passe entre les dents et la pomme de terre est soulevée, secouée et mise à la surface du sol.

« Que n'aurions nous pas à dire sur un nouveau *Scarificateur* du même exposant ; il a paru pour la première fois, au Concours régional de Beauvais en 1885. Les cultivateurs qui l'ont essayé en sont forts contents. Son bâti est solide et léger. Les dents à courbure cintrée ont, en dessus, une arète médiane qui les rapproche de la forme triangulaire. Leur usure s'opère normalement et laisse subsister une pointe suffisamment aiguë pour ne jamais nécessiter le rebattage et l'effilage. Il suffit de les faire glisser, en descendant, dans une bague mobile, où on les fixe à volonté au moyen d'une langue de carpe. Une simple clavette permet de les enlever, de les placer à la distance voulue, suivant le travail que l'on veut faire. Le réglage pour l'entreture est très facile. On peut aisément transformer ce scarificateur en extirpateur ou en rayonneur.

« Nous remarquons encore *sa houe à cheval*, dont la réputation n'est plus à faire; elle est indispensable pour les sarclages et les binages rapides des plantes semées en ligne.

« Nous pourrions parler longuement encore des charrues *Bajac*. La série des brabants, depuis la défonceuse à 12 bœufs jusqu'au petit brabant à 1 cheval, est complète. Ces instruments ont fait leurs preuves dans les concours et mérité les premières récompenses.

« Quelques modèles de *rouleaux piocheurs*, ou *herse norwégienne*, se trouvent aussi sur le champ du concours. Ils sont précieux pour les terres qui, après un labour, se prennent en grosses mottes ; leur effet est le même que celui du rouleau *Croskill*, et ils n'ont pas l'inconvénient de tasser le sol.

« Les tonneaux à purin de *M. Lalis*, de Liancourt (Oise), méritent aussi d'être remarqués. Nous préférons le tonneau simple avec pompe en arrière. Ce sont de précieux véhicules pour le transport des engrais liquides qu'on laisse trop souvent perdre dans nos fermes et surtout au village. On gagne en fort peu de temps bien au-delà de ce que coûtent ces instruments.

« L'exposition de *M. Levasseur*, de St-Just, comprend aussi des charrues doubles et simples, faciles à régler et à conduire, des herses, des scarificateurs, etc. qui ont bien leur mérite.

« La faucheuse système *Wood* s'y trouve en assez grand nombre. Nous devons dire, après nombreuses expériences, dont nous avons été témoin à divers concours, que toutes font un bon travail. Le meilleur faucheur ne coupe pas l'herbe avec plus de perfection ; mais elles n'ont pas toutes la même solidité, la même durée. Nous préférons généralement celles dont les engrenages, délicats et coûteux à réparer, sont enfermés dans une boîte et à l'abri du contact des corps étrangers. Nous pourrions faire la même réflexion sur les Moissonneuses, quant à la manière de couper les céréales; il faut choisir celles qui font le mieux la javelle; la *Johnston*, la *Mac-Cormick* fabriquées et vendues par un grand nombre de constructeurs et de marchands de notre région offrent à cet égard toutes les garanties.

« Les *Moissonneuses-Lieuses* ont été bien critiquées, bien calomniées depuis leur invention. Mais, grâce aux perfectionnements qu'elles ont subis, on leur rend meilleure justice aujourd'hui. Nous croyons sincèrement qu'un jour viendra, où les grands cultivateurs de céréales seront bien aises d'avoir ces engins. La *Mac-Cormick* a obtenu de grands succès dans les derniers concours. La *Wood* est aussi appréciée des cultivateurs.

« Signalons encore l'exposition de *M. Lefèvre* à Vendhuile (Aisne), elle comprend une série d'instruments bien appropriés aux besoins des agriculteurs de la région; *M. Henry*, d'Amiens, pour ses excellentes charrues et scarificateurs; *M. Batlon*, à Just, ponr une collection complète d'instruments qui ont fait leurs preuves dans d'autres concours; *MM. Cailliot*, de Montdidier; *Joly*, à Ferrières, *Pillot*, de Bouchoir; *Pilon*, de Ferrières, pour ses tarares et trieurs, etc.

« Nous nous arrêtons aussi devant une voiture à frein spécial, de M. Em. Hermann; au moyen d'une simple pédale à la portée du conducteur on peut immobiliser les roues et transformer ainsi le roulement en glissement et par suite fatiguer, en peu de temps, le cheval le plus fougueux. Ce frein est aussi très utile dans les descentes rapides.

« Un dernier coup d'œil dans l'enceinte même du concours nous rappelle que nous avons oublié un constructeur sérieux, *M. Ritter*, de Paris, qui expose un moteur à vent d'un genre tout nouveau, le système américain *Corcoran*. Installé dans un bas fond, le vent ne lui est pas favorable et le public ne peut juger *de visu* les bons résultats obtenus avec cet appareil. Nous l'avons vu fonctionner ailleurs avec succès et nous avons pu constater qu'avec une dépense relativement faible, ce moulin avec un seul corps de pompe, peut donner des rendements considérables et réguliers jusqu'à une profondeur de 20 et 25 mètres.

« Nous avons aussi remarqué de nouveau les pompes aspirantes et foulantes du même constructeur; leur démontage et leur visite presque instantanée en cas d'obstruction, les rendent précieuses, pour une foule d'usages.

« Bien que la partie horticole et fleuriste ne soit guère représentée à ce concours, nous y voyons quelques fleurs. Nous aimons tant ces chefs-d'œuvre de délicatesse et de grâce, ces bijoux de la nature, ces vases charmants qui renferment le nectar le plus suave, que nous voulons remercier les producteurs de ces aimables créations, des douces et pures jouissances qu'ils ont procurées aux exposants et aux visiteurs. MM. Gosset et Jourland ont gracieusement prêté leur talents de fleuristes et de décorateurs au Comité d'organisation, et parsemé çà et là dans le concours des corbeilles, des vases de fleurs qui produisent le meilleur effet.

« En terminant, rendons encore hommage aux hommes de cœur qui ont pris en main la cause de la glorification de leur illustre compatriote et à tous ceux qui leur ont prêté un bienveillant concours.

« Les nombreux visiteurs qui ont afflué à Montdidier garderont le plus précieux souvenir de l'excellent accueil qu'ils ont reçu.

« Félicitons particulièrement M. de Vienne et ses zélés collaborateurs d'avoir organisé, à l'appui de ces belles fêtes, des concours agricoles qui ont contribué pour une large part à leur succès.

« L'agriculture devait, en effet, dans ce concert unanime de louanges, occuper la première place. N'est-ce pas elle qui produit tout ce qui est nécessaire à la vie matérielle de l'homme ?

« Qui ne sait qu'un pays où ne fleurit l'agriculture est près de sa ruine ?

« L'Etat, par quelque régime qu'il soit représenté, s'il veut assurer sa prospérité, son repos, sa sécurité, doit faire converger toutes les forces dont il dispose, à l'encourager, à la protéger, à la défendre. Malgré les sombres nuages qui obscurcissent encore l'horizon, nous nous plaisons à espérer. Cette espérance a sa source dans le courage indomptable de nos populations rurales, que les difficultés présentes ne font que rendre plus énergiques. Cette espérance, nous la puisons dans le retour à la vie et aux mœurs agricoles des familles de riches propriétaires dont l'énumération serait trop longue à faire. Nous la puisons surtout dans ce bon esprit de nos campagnes, qui, malgré la propagande d'impiété et de dissolution, restent fidèles à leur foi et pleines de confiance en *Celui* qui leur donne son soleil pour les éclairer, les réchauffer et mûrir leurs moissons.

« En ce beau jour de fête, par devoir religieux et patriotique, et en souvenir des traditions d'un passé qui n'est pas loin, nous nous unirons aux hommes de foi, aux vrais français, pour aller prier Dieu dans ses temples, de protéger notre chère patrie, la fille ainée de l'Eglise, au milieu des orages qui la menacent, de lui donner encore beaucoup de citoyens comme celui dont nous célébrons le Centenaire. « Vive à jamais la mémoire de Parmentier ! »

LE CONGRÈS SUCRIER

Sur la demande d'un grand nombre de fabricants de sucres, justements inquiets de la nouvelle loi présentée à la Chambre par un des membres du gouvernement, et désireux de profiter de la présence à Montdidier de Monsieur le Ministre de l'Agriculture, pour lui faire entendre leurs doléances, la Commission du Centenaire décida qu'un grand Congrès sucrier aurait lieu le samedi 8 mai, à 4 heures 1/2 de l'après-midi, et que le résultat des délibérations de cette Assemblée serait remis à Monsieur le Ministre de l'agriculture, par les intéressés eux-mêmes, le dimanche 9 mai à 10 heures 1/2 du matin.

En conséquence M. le Président du Centenaire adressa un chaleureux appel à tous les fabricants de sucre, agriculteurs et autres intéressés à la question pour les convier à ce Congrès, leur exposant tout l'intérêt qu'il y avait pour eux à se grouper, en grand nombre, pour appuyer une pétition dont les conséquences étaient si importantes pour une de nos plus grandes industries aussi bien que pour toute l'agriculture de la région du Nord.

Cet appel fut entendu et plus de deux cents fabricants se firent représenter à ce Congrès, en même temps qu'un grand nombre d'Agriculteurs de notre région y prirent part.

Après d'assez longs mais très intéressants débats, l'Assemblée chargea l'honorable M. Mazurier de faire le rapport, en même temps qu'elle désigna M. le Président du Centenaire et deux de ses membres, pour présenter ce rapport à M. le Ministre de l'agriculture et en défendre les conclusions.

Nous verrons tout à l'heure qu'elle fut la réception qui fut faite à ces messieurs.

LA FÊTE AÉROSTATIQUE

Comme nous l'avions déjà signalé, ce qui distingua surtout les Fêtes du Centenaire de Parmentier, ce fut l'élan qu'y trouvèrent toutes les bonnes volontés pour essayer d'augmenter par des efforts particuliers l'attrait de ces Fêtes.

C'est ainsi que deux de nos concitoyens MM. Edouard Fissier et Louis Mangot, comprenant tout ce que présente d'intérêt, actuellement surtout, la question de la direction des Ballons, décidèrent d'organiser, pour le dimanche 9 mai, une grande Fête aérostatique, dont voici le programme :

Dimanche 9 mai grande fète aérostatique avec l'autorisation et le concours de la municipalité.

Ascension sur la place du Marché aux Vaches, du Ballon Le Parmentier, monté par F. Lhoste, aéronaute.

PROGRAMME

1 heure 1/2, bombes aériennes annonçant l'ouverture de la Fète aérostatique.

2 heures, préparatifs du gonflement, démonstrations et attache de dépêches aux pigeons voyageurs.

2 heures 1/2, gonflement de Ballons-Pilotes de 1 m. de hauteur.

3 heures, départ des Ballons-Pilotes avec banderolles, flottilles aériennes, recherche des courants.

3 heures 1/3, nomenclature, sur le terrain, des agrès aérostatiques.

4 heures, enlèvement de personnages grotesques.

4 heures 1/2, appareillage de l'Aérostat.

5 heures, ascension.

Distribution de jouets et d'images. A 400 m. de hauteur, lâcher de Pigeons voyageurs porteur de dépêches.

(Des paris sont ouverts sur les Pigeons voyageurs de Montdidier.)

A 500 mètres, pluie de fleurs et banderolles.

PROGRAMME

des Morceaux qu'exécutera la Fanfare pendant le gonflement :

1. *La Parmentière*, grande marche . . . E. Leblanc.
2. *La Cantinière*, fantaisie. . . . . Planquette.
3. *La Bavarde*, polka pour piston . . . . Sellenick.
4. *Les Parques* . . . . Buot.
5. *Thème varié* pour saxophone. . . . . Mayseder.
6. *L'Emir*, grande marche . . . . Luigini.
7. *France*, hymne patriotique. . . . . . Buot.

A l'issue de l'enlèvement, il sera procédé au Tirage d'une grande Tombola à laquelle prendront part toutes les personnes présentes dans l'enceinte réservée.

Vu : le Maire de Montdidier,

RAVIART.

DERNIÈRE JOURNÉE

LA DISTRIBUTION DES RÉCOMPENSES

Le temps est toujours splendide. Dès 9 heures 30 du matin, la foule se porte vers la gare et se masse le long de l'avenue principale. Les brigades de gendarmerie de l'arrondissement, les sociétés de gymnastique de Montdidier et de Moreuil, *sous les armes*, forment la haie sur la place de la gare. A 9 heures 50, le train d'Amiens débarque les autorités administratives et judiciaires. Quelques minutes après, le train de Paris amène les ministres de l'agriculture et de l'instruction publique, accompagnés de MM. Tisserand, conseiller d'Etat, directeur de l'Agriculture et Robert, chef de cabinet de M. le ministre de l'instruction publique.

M. Raviart, maire de Montdidier, au nom de la ville, souhaite la bienvenue à M. René Goblet, ministre de l'instruction publique, et à M. Develle, ministre de l'agriculture. M. Cohn lui succède, au nom du département, et M. de Vienne prend la parole à son tour au nom du Comité du Centenaire.

Après des remerciements au cours desquels M. le ministre de l'agriculture affirme que « les populations si essentiellement agricoles de cette région peuvent être assurées *qu'elles trouveront toujours un défenseur énergique* dans le ministre auquel ces grands intérêts sont confiés, » les ministres se rendent dans la salle d'attente où un lunch leur est offert par M. le Président du Centenaire, pendant qu'au dehors la fanfare de Montdidier joue la *Marseillaise* ; un piquet de gendarmes à cheval maintient le bon ordre à la cour de sortie.

Le lunch terminé le cortège se forme pour se rendre à la visite des Expositions, au milieu d'une foule qui a fait aux ministres un accueil sympathique et respectueux, mais froid.

Ce cortège était ainsi composé :

Les clairons des sociétés de gymnastique ; la fanfare municipale de Montdidier, la société de gymnastique l'*Avenir Montdidérien*, en armes, la *Fraternelle de Moreuil*, également en armes, un peloton de gendarmerie à cheval, M. Develle, ministre de l'agriculture et M. R. Goblet, ministre de l'instruction publique, des Beaux-Arts et des Cultes, ayant à leurs côtés, M. Léon Cohn, le sympathique préfet de la Somme, M. de Vienne, président du Centenaire, M. Dauphin, sénateur, président du Conseil général, premier président de la Cour d'Appel et M. Raviart, maire de Montdidier.

On remarquait ensuite formant un groupe qu'entourait une haie de gendarmes à pied, M. F. Petit, sénateur, maire d'Amiens, conseiller général ; M. Jametel, député, MM. Savary, Carette, Toulet et Cauvin, et plusieurs autres conseillers généraux dont les noms nous échappent ; M. Melcot, procureur-général ; M. E. Laurent, secrétaire-général de la Somme ; MM. Strauss, Masurier, Sagebien, et Corbière, sous-préfets d'Abbeville, de Doullens, de Montdidier et de Péronne ; MM. les conseillers de l'arrondissement, adjoints au maire de Montdidier ; les membres de la famille Parmentier : MM. A. Parmentier, Louis Parmentier, avocat à Paris et Emile Parmentier, sous-lieutenant, officier d'ordonnance de M. le général Carré de Bellemare, commandant le 9e corps d'armée à Tours ; M. Gallet, président de la *Société Industrielle d'Amiens* ; la délégation de la *Société des Agriculteurs de France* ; les membres de la Presse locale et départementale etc., etc.

Un peu avant d'arriver à l'Exposition les ministres entrent dans la sucrerie où MM. Warein-Prévost, de Lille, ont installé une fabrique provisoire d'alcool de pommes de terre.

M. Laborde, ingénieur, donne aux ministres l'explication des appareils composant cette distillerie, tel que nous le reproduisons ci-après ; puis la machine se met en marche pour quelques minutes, transformant sous leurs yeux le modeste tubercule d'abord en sucre puis en alcool.

Cette visite faite, le cortège se rend à l'Exposition, à l'entrée de laquelle se trouvent groupés tous les membres du Comité du Centenaire et les exposants. M. le Président du Centenaire les présente aux ministres, à qui il offre, ainsi qu'à tous les personnages les accompagnant de charmantes épingles représentant la fleur de la Parmentière, leur disant : « Messieurs, en 1786, notre illustre conci-

« toyen Parmentier, offrait au roi Louis XVI un bouquet « de fleurs de pommes de terre, en témoignage de sa « reconnaissance pour l'appui bienveillant que ce mo- « narque avait bien voulu lui accorder ; permettez-moi « de vous offrir, en même témoignage, cette modeste « épingle, qui en vous rappelant le Centenaire de Par- « mentier, vous remémorera tous les efforts que nous « faisons pour aider notre agriculture nationale en péril. »

Monsieur le ministre de l'agriculture remercia monsieur de Vienne, « de la délicate attention par laquelle il leur « procurait cette agréable surprise, déclarant qu'il ne « saurait oublier tous les charmes de cette belle fête, et « les engagements qu'il y prendrait. »

Puis, il parcourut l'exposition, s'arrêtant avec un intérêt marqué devant les collections de MM. Joseph et Hyacinthe Rigault de Groslay (Seine-et-Oise) ; Boursier, président des féculiers de l'Oise ; Torcy-Vannier, de Melun ; Commelin, de Tilloloy ; Sévin, de Villejuif ; Boitel, Pointin, Gobin, Vasseur, Gressot, de Montdidier ; de Mme Raymond Cavé, de Montdidier ; de M. Dubois-Marchand, d'Amiens ; de l'Institut agricole de Beauvais ; les expositions de MM. Cauchetier-Chapron, Sement, Gallet, Véchard, Michel et Renard.

L'exposition d'alcool, de céréales, de betteraves et de pommes de terre de M. C. Triboulet, d'Assainvillers, attire surtout l'attention du ministre qui complimente chaleureusement l'exposant.

Les produits de la ferme d'Assainvillers sont disposés avec beaucoup de goût ; plusieurs échantillons de pommes de terre attirent le regard par leur grosseur exceptionnelle. Tous ces objets sont avantageusement placés entre des fleurs fraîches, de la mousse et du feuillage. C'est charmant et coquet.

On remarque dans cette salle le portrait de Parmentier, dessiné au pastel par la sœur de l'illustre agronome et donné par elle à la famille Triboulet.

Les ministres, toujours accompagnés de M. le Préfet, du maire et du sous-préfet de Montdidier, ont fait ensuite une longue visite à la magnifique exposition de M. Vilmorin qui comprend, outre de superbes échantillons de blé, d'avoine et de betteraves, environ 600 variétés de pommes de terre.

De là, les visiteurs se rendent à l'Exposition du Comice, qui est importante et considérable. Bestiaux, volailles, machines sont là en grand nombre et donnent une preuve de l'importance de l'Agriculture dans l'arrondissement de Montdidier.

On admire beaucoup les béliers Dishley-Mérinos et South-Down, ainsi que les représentants de la race porcine exposés par M. Triboulet, d'Assainvillers.

Mais il est midi. Le cortège se reforme et les ministres en voitures, escortées par un peloton de gendarmerie, et le reste à pied, on se dirige vers la ville et l'on peut remarquer nombre d'assistants qui s'épongent largement et font la mine à la vue de la montée pittoresque qui conduit à la place de l'Hôtel-de-Ville. Les drapeaux tricolores arborés aux fenêtres et les sapins plantés devant les maisons produisent le plus curieux effet devant ces constructions qui rappellent le moyen âge. Les têtes se découvrent en passant devant la maison natale de Parmentier.

Les ministres se sont ensuite rendus à la sous-préfecture; là ont été reçus les membres du clergé, les magistrats, les directeurs des contributions directes, des contributions indirectes, de l'enregistrement, les inspecteurs primaires et les instituteurs présentés par M. Cohn.

A ceux-ci M. Goblet a promis que désormais leur situation serait définitivement réglée et leur assurerait toute sécurité.

M. Bernot, ancien député et délégué du Congrès sucrier, accompagné de M. Normand, a présenté à M. Develle le compte-rendu des travaux de cette assemblée, et lui a adressé le discours suivant:

Monsieur le Ministre,

Mon premier devoir, en me présentant à vous avec la délégation des fabricants de sucre de ce département, est de vous exprimer notre profonde gratitude pour l'empressement que vous avez mis à nous recevoir afin de nous permettre de vous faire part de l'émotion profonde qui s'est emparée de notre industrie et de notre agriculture lorsqu'elles ont connu les modifications qu'il était question d'apporter à la loi du 29 juillet 1884.

L'honneur assez inattendu qui m'échoit aujourd'hui de prendre la parole au nom de mes confrères, est la meilleure preuve du désir ardent de tous de voir le maintien de cette loi à laquelle j'ai collaboré pour ma très-modeste part. Si, à son début, elle n'a pas été accueillie avec la faveur qu'elle méritait, si les avantages qu'elle apportait n'ont pas été tous bien compris, il ne faut pas trop s'en étonner. Il en est parfois des lois comme des constitutions; c'est quand il s'agit d'y porter atteinte que l'on découvre leurs véritables mérites. D'ailleurs aujourd'hui qu'elle a reçu la sanction de l'expérience, chacun reconnait qu'elle a sauvé d'un désastre irréparable notre industrie sucrière.

C'est grâce à elle que l'on a pu payer aux cultivateurs un prix élevé pour la betterave riche. — Aussi ces derniers n'ont-ils plus hésité à faire des sacrifices considérables en vue de l'amélioration de leurs procédés culturaux et, dès cette année, encouragés par les résultats de l'an dernier, ont-ils donné à cette culture une extension importante. C'est donc tout à la fois une loi de protection et de progrès qui ne peut avoir que les sympathies du gouvernement. C'est bien ainsi que l'avait comprise l'éminent Président de la Commission qui l'a élaborée — (il n'est malheureusement plus au Parlement pour défendre une cause qui lui était chère). — C'est parce qu'elle avait ce double mérite que le gouvernement l'a soutenue et que les Chambres l'ont adoptée. Et c'est au moment où cette loi, mieux appréciée et mieux connue, commence à produire ses effets bienfaisants que Monsieur le sous-secrétaire d'État au ministère des finances, assurément trop impressionné par les excédents obtenus dans une année exceptionnellement favorable et qu'on ne retrouvera peut être pas de longtemps, dépose un projet qui ruine tout à coup toutes les espérances et ne tient aucun compte des situations acquises, non plus que des engagements pris entre fabricants et cultivateurs sous la foi de la loi actuelle.

Monsieur le Ministre, je connais assez votre grande sollicitude pour les intérêts agricoles pour ne pas avoir la certitude que vous nous aiderez de toutes vos forces à combattre ce projet. Vous ne laisserez pas détruire cette loi de 1884 qui est une œuvre républicaine.

Ce n'est pas quand vous élaborez avec un dévouement dont l'agriculture vous sera certainement reconnaissante, une loi qui a justement pour but de favoriser le développement des distilleries agricoles, que vous laisserez porter atteinte à celle qui assure l'avenir des sucreries.

Je disais tout à l'heure que c'était sous le coup de l'impression produite par les résultats d'une campagne exceptionnellement favorable que Monsieur le sous-secrétaire d'État aux Finances avait préparé le projet qui fait l'objet de nos plaintes. Nous comprenons fort bien que les sacrifices que l'État veut bien faire pour nous ne peuvent être indéfinis et nul de nous n'a de pareilles prétentions.

Mais cependant qu'il me soit permis de dire qu'il ne faudrait pas se laisser trop émouvoir par un léger mécompte sur le produit de l'impôt sur le sucre. Le déficit qui en résulte pour le budget n'est qu'apparent, soyez-en sûr : et c'est avec raison que l'on a, à ce propos, rappelé avant moi le passage du dernier discours de M. Jules Roche dans lequel il défendait le gouvernement républicain contre les attaques de ses adversaires qui lui reprochaient d'avoir trop développé notre réseau de chemins de fer.

« Sans doute, disait-il, tel bénéfice qui se dégage pour le pays ne se voit pas ; ce bénéfice n'apparaît pas au budget, il n'est pas inscrit dans vos comptes, ni sur les comptes généraux, ni dans les discussions de finances, ni dans les articles de journaux: il est comme perdu dans la réalité des choses; c'est, suivant ce que dit Bastiat, ce qu'on ne voit pas. »

Jamais paroles ne pourront s'appliquer plus justement à notre industrie. Pour arriver à profiter des bonis qui leur sont promis, voyez ce que les fabricants doivent faire de sacrifices, et ces sacrifices ne profitent-ils pas à nos chemins de fer, à nos industries métallurgiques, à nos mécaniciens, à nos cultivateurs et partant à nos ouvriers des villes et des campagnes? — Par voie de conséquence, les caisses de l'État ne reçoivent-elles pas aussi pour leur part des sommes dont il difficile de chiffrer l'importance?

Sous l'empire de préoccupations budgétaires, il faut que l'on se garde bien de ruiner de nouveau notre industrie qui est si essentiellement agricole. Il ne faut pas, pour vivre, tarir les sources mêmes de la vie.

Sachons envisager la situation avec le même sang-froid que nos redoutables concurrents qui ont eu à subir parfois des déficits sur le produit de leur impôt sur le sucre.

Loin de s'en effrayer, ils s'en sont réjouis, car ces déficits témoignaient des progrès de leur industrie. Aussi ont-ils toujours, avec un soin jaloux, conservé intact le principe de l'impôt à la matière première.

Je sais, Monsieur le Ministre, que vous avez été très vivement ému, — quand vous avez su que certains fabricants avaient songé à s'approvisionner de betteraves étrangères. — Vous avez dit que la loi avait été faite pour favoriser la culture française et que si les fabricants l'oubliaient, vous seriez le premier à en demander le retrait.

Avec un empressement extrême et pour mettre fin à des bruits assurément fort exagérés, ceux-ci se sont engagés sur l'honneur à ne s'approvisionner qu'en France.

Cette préoccupation de votre part de vouloir qu'en France le sucre français soit fabriqué avec la betterave française a produit, aussi bien sur nos fabricants que sur nos cultivateurs, la plus heureuse impression. Ils se sont dit que c'était pour eux la meilleure preuve que vous feriez les mêmes efforts pour obtenir que les raffineries françaises travaillent des produits français et que nous ne trouverions pas d'auxiliaire plus ardent que vous pour défendre la surtaxe sur les sucres étrangers.

Vous savez les désirs de nos sucreries sur ce point important.

Elles demandent une surtaxe non remboursable aussi bien sur les sucres coloniaux étrangers que sur les sucres venant d'Europe. Il semble au premier abord qu'il n'est pas juste de demander que la surtaxe ne soit pas remboursable, mais en allant au fond des choses, l'on voit bien vite que les sucres étrangers apportent avec eux des produits d'une grande valeur qui ne coûtent rien aux raffineurs et par suite le remboursement de la surtaxe constitue une prime au profit des produits étrangers.

Elles voudraient aussi que cette surtaxe fût votée définitivement et non simplement prorogée pour deux ans, car il faudrait cette fois aboutir à une loi assurant à notre industrie la stabilité sans laquelle toute entreprise devient impossible. Et d'ailleurs, n'est-il pas juste de traiter sur le même pied fabricants et raffineurs, et ceux-ci ne sont-ils pas protégés par une surtaxe définitive de huit francs ?

Je m'excuse, Monsieur le Ministre, d'avoir mis votre patience à si longue épreuve; c'est peut-être d'autant plus indiscret de ma part que pour plaider notre cause, vous avez près de vous des hommes mieux posés que moi pour le faire. C'est notre éminent ministre de l'instruction publique qui est toujours prêt à mettre son dévouement au service des intérêts de notre département et du pays. C'est l'honorable M. Jametel qui, bien heureusement pour nous, fait partie de la Commission parlementaire chargée d'élaborer la loi qui fait l'objet de nos préoccupations et qui défend notre agriculture avec un zèle et une sollicitude qui ne se démentent jamais.

Nous n'avons pas oublié non plus les services importants que nous ont rendus nos sénateurs. — Ce qu'ils ont fait dans le passé, nous est un sûr garant de ce qu'ils feront pour nous dans l'avenir.

En terminant, permettez-moi, Monsieur le Ministre, de résumer en quelques mots les vœux faits par nos fabricants et qui sont d'ailleurs d'accord avec ceux exprimés ces jours-ci par notre assemblée départementale.

Ils demandent :

1° Que les conditions de la loi du 29 juillet 1884 concernant l'impôt sur la betterave soient, pour cette année, intégralement maintenues.

2° Que si dans l'avenir, les excédents atteignaient un chiffre obligeant absolument à en atténuer l'Importance, les modifications apportées à la loi soient de telles sortes que les avantages prévus par le législateurs de 1884 soient assurés aux Fabricants et que le principe de l'impôt sur la betterave soit entièrement respecté, quitte à élever le rendement légal si les circonstances le commandent.

3° Que la surtaxe de sept francs appliquée aux sucres venant d'Europe ou des entrepôts d'Europe soit rendue définitive et également appliquée aux sucres coloniaux étrangers.

Nous savons, Monsieur le Ministre, avec quel rare talent et quel complet dévouement vous avez défendu l'agriculture lors de la récente discussion sur les tarifs de douane. Aussi est-ce avec une entière confiance que nous faisons respectueusement appel à votre puissant concours pour la défense de nos intérêts menacés.

Notre cause est bonne et juste et nous prenons la liberté de vous rappeler que pendant que la sucrerie française espère bientôt reprendre son importance des jours passés, la sucrerie allemande qui, avant le vote de notre loi, comptait obliger nos usines à se fermer, et avait la prétention d'alimenter notre pays avec ses produits a dû, dès l'an dernier, réduire sa production de plus de 20 %.

M. le ministre a fait une réponse que nous avons analysée avec soin, car l'importance des déclarations qu'elle contient n'échappera à personne :

« L'honorable M. Develle dit qu'en effet la loi de 1884 sur le régime des sucres est une des meilleures que le Parlement ait votées. Il est fâcheux, ajoute-t-il, qu'on ne s'en soit pas montré plus reconnaissant, car cela aurait empêché qu'on ne remît la législation nouvelle aussi vite en discussion.

« Il croit devoir exprimer le regret de ne plus voir siéger au Parlement les principaux collaborateurs qui ont travaillé à cette loi et notamment l'homme éminent qui, comme l'a rappelé M. Bernot, a présidé les travaux de la commission, le député du Pas de-Calais, M. Ribot.

« Le ministre ne saurait dissimuler l'émotion profonde qu'il a ressentie, en apprenant que certains fabricants ont passé des marchés de betteraves avec l'étranger; il a été heureux d'apprendre par son ami, M. Bernot, que ces contrats ont depuis été déchirés.

« S'il n'en était pas ainsi, il lui serait impossible de monter à la tribune pour défendre, au nom de l'agriculture française, une loi qui avait été surtout faite en sa faveur.

« D'ailleurs, ajoute M. le Ministre, les décisions prises jusqu'à présent ne sont pas définitives et il est permis encore d'espérer qu'elles seront modifiées selon les désirs des intéressés. La surtaxe sur les sucres étrangers et coloniaux est acquise pour une nouvelle période, mais quant à la question de remboursement de la surtaxe imposée aux sucres coloniaux et étrangers, je ne puis prévoir la solution qui interviendra et je crains de ne pouvoir obtenir pour vous une entière satisfaction. Seulement je puis vous assurer que les mesures les plus rigoureuses seront prises pour la surveillance de ces sucres à l'entrée. »

En terminant, le ministre exprime encore une fois l'espoir que la loi sera votée à la satisfaction des agriculteurs, mais il ne saurait dissimuler la crainte que les deux fautes qu'il a signalées dans son discours (le peu de reconnaissance témoigné par les fabricants eux-mêmes à la loi et la non-réélection des principaux députés républicains qui en ont été les auteurs) ne pèsent d'un poids trop lourd dans la balance.

Il est une heure et un soleil sénégalien fait peser une chaleur suffoquante sur la ville. Cependant toutes les autorités déjà nommées et auxquelles se sont joints MM. Deberly, Descaure, marquis d'Estourmel et amiral Dompierre d'Hornoy, députés de la Somme, s'installent sur l'estrade (sans abri aucun) dressée par les soins de la municipalité sur la place de l'Hôtel-de-Ville, pour procéder à la distribution des récompenses. Tous ces personnages portent à la boutonnière la fleur de parmentière qui leur a été offerte si gracieusement à l'exposition.

Les places d'honneur sont occupées par MM. les Ministres, le président Dauphin, le Préfet, MM. Tisserand, Robert, Jametel et Raviart, maire de Montdidier ; et c'est avec autant de peine que de stupéfaction, qu'on constate que le créateur, l'organisateur de ces belles fêtes, l'honorable Président du Comice et du Centenaire est relégué, non moins que ses dévoués acolytes, au second rang.

A une heure 40 minutes, M. le Ministre de l'Agriculture déclare la séance ouverte et donne la parole à M. Raviart, maire de Montdidier, qui prononce le discours suivant :

Messieurs les Ministres,

Justement fière d'avoir donné le jour à Parmentier, la ville de Montdidier lui érigea une statue, donna son nom à l'une de ses rues et à l'une de ses places et grava sur la façade de sa maison natale une incription commémorative de sa naissance.

Par ces témoignages publics de reconnaissance, elle ne se crut pas quitte envers le plus illustre de ses enfants. Elle considéra comme un devoir de célébrer le centenaire de la vulgarisation de la pomme de terre, la grande œuvre encore humanitaire de Parmentier. A cet effet, l'honorable président du Comice prit l'initiative d'une exposition de toutes les variétés du précieux tubercule et de ses dérivés, et la ville organisa des fêtes avec le concours empressé de tous ses habitants.

Vous êtes venus, Messieurs les Ministres, rehausser l'éclat de cette solennité et ajouter à la glorification de notre illustre compatriote, pensant avec raison qu'un Gouvernement essentiellement démocratique et populaire, comme celui de la République, ne devait pas se désintéresser de l'hommage à rendre à la mémoire d'un enfant du peuple qui, par un travail opiniâtre et un ardent amour de son pays, sut s'élever au premier rang parmi les bienfaiteurs de l'humanité, — Montdidier vous est profondément reconnaissant de l'insigne honneur que vous lui faites et en gardera précieusement le souvenir.

En même temps, Monsieur le Ministre de l'agriculture, votre présence à cette fête agricole, au milieu de nombreux cultivateurs de la région, des conseils éclairés et vos bienveillants encouragements, ne manqueront pas d'avoir d'heureux résultats. Par le temps de crise qu'elle traverse, l'Agriculture a grand besoin d'aide et de protection.

A défaut de dégrèvements longtemps espérés, mais irréalisables en ce moment, elle accueillerait avec une vive gratitude le relèvement des droits compensateurs établis l'an dernier sur les céréales de provenance étrangère et aujourd'hui reconnus insuffisants.

Aussi votre visite est-elle une bonne fortune pour nos laborieuses populations qui vous renouvellent leur vœu et comptent sur votre puissant appui et le concours de votre éloquente parole, pour le faire aboutir.

Quant à votre éminent collègue, est-il besoin de dire si nous sommes heureux de sa présence? Il est ici chez ses électeurs les plus fidèles, qui l'admirent autant qu'ils l'estiment et qui s'enorgueillissent d'avoir au Parlement un représentant d'une telle valeur et d'un si grand caractère.

Des récompenses, bien méritées, vont être par vous distribuées aux lauréats de l'Exposition. — Qu'il me soit permis, au nom de la Ville, d'adresser des félicitations et des remerciements à Messieurs les exposants. Leurs remarquables collections à tous, et, en particulier, celles de la maison Vilmorin, ont été une grande attraction, et il n'est que juste de constater que le succès du centenaire leur est dû pour une bonne part.

M. Develle a répondu :

Si tous ceux qui voudraient témoigner leur gratitude à votre illustre concitoyen, avaient pris rang dans un cortège, vous verriez un nombre plus considérable d'admirateurs que jamais triomphateur n'en a traîné à sa suite. C'est tout un peuple qui viendrait saluer en lui son bienfaiteur.

La gloire de Parmentier est si haute et si pure qu'incontestablement elle traversera les âges, entourée de la même reconnaissance et du même respect. Cependant il ne souhaita pas la gloire. Ce fut un homme modeste; plus travailleur encore que savant ; et, des hautes qualités qui forment le génie, celle qu'il posséda surtout, c'est la ténacité.

Mais aussi avait-il cette ténacité à un degré extraordinaire ; ni l'hostilité, ni l'envie, ni la raillerie ne purent mettre obstacle à ses efforts. Il trouva une force invincible dans la passion qui fut en quelque sorte la caractéristique de cette génération de la fin du XVIIIe siècle, dans l'amour de l'humanité. Plus qu'aucun autre, il éprouva une passion sincère pour l'amélioration du sort de ses semblables. (Vifs applaudissements).

Parmi les hommes qui furent animés de ce feu, il n'en est aucun qui ait rendu de plus grand service à la patrie : son sol fertilisé jusque dans les régions les plus arides, la famine écartée, l'alimentation du pauvre garantie, voilà le résultat de la vulgarisation de la pomme de terre, voilà l'œuvre de Parmentier. (Applaudissements).

Aussi n'aurait-il suffi, ni du monument que vous avez élevé à sa mémoire, ni d'avoir donné son nom à l'une de vos rues. Il était nécessaire de célébrer le centenaire de la vulgarisation de la pomme de terre.

Messieurs, au nom du gouvernement de la République, je salue la ville qui fut le berceau du bienfaiteur de la France et de l'humanité. (Applaudissements prolongés).

M. le ministre décerne la décoration du Mérite agricole aux cultivateurs dont le nom suit :

Famechon, agriculteur, ancien maire de Roubaix.

Justin, maire de Flers-sur-Noye, agriculteur.

Canaple, vétérinaire, chef du conseil sanitaire de l'arrondissement de Montdidier.

Dumont-Carment, publiciste agricole.

M. Goblet dit à son tour :

« Je n'ai pas voulu accompagner à Montdidier mon collègue et ami M. Develle, sans apporter, moi aussi, ma part de récompenses aux personnes qui ont bien mérité de l'instruction publique. »

Et les palmes d'officier d'Académie sont décernées à MM. Fleury, maire d'Ailly-sur-Noye ; Legrand, directeur de l'institution libre Parmentier de Montdidier, auquel M. Goblet fait remarquer que, quoique représentant de l'enseignement officiel, il est heureux de prouver ainsi sa sympathie pour l'enseignement libre ; Lemaître, maire de Moreuil, docteur en médecine et délégué cantonal ; et Rousseau, maire de Pierrepont et délégué cantonal.

M. Cohn rappelle les noms des ouvriers de l'arrondissement de Montdidier qui ont obtenu des médailles pour la fidélité et la longueur de leurs services ; ce sont MM. Victor Gobin, ouvrier tanneur, Delormel, ouvrier menuisier, et Lecointe, ouvrier corroyeur ; puis il décerne une médaille de bronze et 40 fr., à M. Victor Devanaux, ouvrier, qui compte 43 ans de services chez M. Abel Radenez, imprimeur à Montdidier.

M. Develle proclame alors l'ouverture de la distribution des récompenses et adresse ses félicitations et ses remerciements à toutes les personnes qui ont pris part au Concours.

M. Hermier, trésorier du Comice agricole, lit ensuite la liste des récompenses, que nous publions ci-après.

Au fur et à mesure de la lecture de leurs noms les personnes récompensées montent sur l'estrade. Les noms de sœur Angèle de Jésus et de sœur Sainte-Aurélie, de Démuin, sont accueillis par des applaudissements, qui redoublent lorsqu'on les voit apparaître sur l'estrade.

Mais trois heures s'approchent, M. Develle se retourne et regarde avec inquiétude l'horloge de l'Hôtel de-Ville. M. Hermier propose d'abréger la lecture et de la terminer seul, étant donnée la fatigue de M. le Ministre, ce à quoi celui-ci obtempère, le priant de l'excuser auprès des lauréats non couronnés encore, l'heure, impitoyable dans sa marche, le forçant à se rendre au banquet.

A trois heures on se rend au préau de la salle des Ecoles où a lieu un banquet d'environ 300 couverts. Le préau est décoré de drapeaux et d'écussons ; au-dessus de la place de M. Develle, un portrait de Parmentier, par Boily, apporté par M. Frédéric Astruc, peintre à Paris.

C'est l'excellente maison Prévost qui, comme pour le premier banquet du Centenaire, avait été chargée de celui-ci. Le menu, très confortable, servi dans de parfaites conditions, a obtenu la satisfaction générale. Il était ainsi composé :

MENU

Potage à la Parmentière

RELEVÉ

Saumon au beurre d'Isigny

ENTRÉES

Filets de bœuf dauphine
Volailles du Mans à la Périgueux
Timbales ministérielles

ROTS

Dindes truffées
Pâtés de ma renommée
Salade russe

LÉGUMES

Soufflets de Parmentière

ENTREMETS

Suprême de fruits au kirsch

DESSERT

Gâteaux mille feuilles et Napolitains
Fruits, Bonbons et Petits fours

VINS

Macon, Saint-Emilion, Beaune
Champagne

CAFÉ ET LIQUEURS

M. Develle présidait, ayant à sa droite M. Dauphin, sénateur, premier président de la Cour d'appel, et M. de Vienne, président du Centenaire ; à sa gauche, M. le Préfet et M. Frédéric Petit, sénateur, maire d'Amiens ; en face, M. Goblet, ministre de l'instruction publique, ayant à sa droite M. Raviart, maire de Montdidier, à sa gauche, M. Jametel, député ; puis, un peu au hasard des tables, M. Tisserand, conseiller d'Etat ; M. le chef de cabinet Robert ; MM. Deberly, de Dompierre d'Hornoy, d'Estourmel, Descaure, de Rainvillers, députés de la Somme ; MM. Carpentier et Morel, adjoints au maire, et tous les membres du conseil municipal de Montdidier ; le Procureur général, le Directeur des postes et télégraphes ; MM.

Raquet, directeur de l'Ecole d'agriculture du Paraclet; le Vétérinaire en chef; Laurent, secrétaire général; les quatre sous-préfets; de Fransures, Bernot, Carette, Toulet, Ducamp, Savary, Cauvin, conseillers généraux; Chovet, maire de Compiègne; les trois petits-neveux de Parmentier: MM. Emile Parmentier, lieutenant au 90e régiment d'infanterie, officier d'ordonnance de M. le général Carrey de Bellemare, commandant le 9e corps d'armée, A. Parmentier, 7, rue des Petits Hôtels, à Paris, et Louis Parmentier, avocat, 103, boulevard St-Germain, à Paris; Pillon, président du tribunal civil; Sourdat, procureur de la République; Massias, receveur particulier des finances; les sous-directeurs des contributions, directes, indirectes et du timbre, les juges de paix de l'arrondissement, les membres du Comice agricole et du Centenaire; Jouancoux, maire de Cachy; Lecomte, maire de Morisel; Fleury, maire d'Ailly-sur-Noye; les délégués de la Société des Agriculteurs de France et du Congrès sucrier, et les représentants de la presse; Gaillard, ancien maire de Moreuil, Paul Véret, de Roye; Dumont, maire de Méharicourt; Famechon, ancien maire de Roubaix; Théodule Goret, Bourdon, Leroy, du Bos, conseillers d'arrondissement, etc,, etc.

Pendant le repas, la section chorale de la Société philharmonique, ainsi que les élèves de l'institution Parmentier sont venus chanter un chœur: la *Parmentière*, paroles et musique de M. Alph. Braut.

Ce morceau d'un bel effet choral, a obtenu les honneurs du *bis*.

Enfin, le repas est terminé, le champagne pétille dans les verres et la série de toasts commence.

Toast au Président de la République

M. le Préfet se lève le premier et porte un toast au Président de la République :

Messieurs,

J'ai l'honneur de vous proposer de boire à la santé de M. Jules Grévy, Président de la République. Dans notre pays qui vit de travail, nous avons besoin avant tout de paix à l'extérieur, et à l'intérieur de tranquillité et de sécurité, j'entends de sécurité véritable, de celle qui ne saurait exister sans liberté. Comment ces bienfaits pourraient-ils être mieux assurés que par la présence à la première magistrature de l'Etat du citoyen intègre, de l'honnête homme dont l'existence entière peut se résumer par ces mots : respect à la loi, respect à la volonté nationale. Aussi, suis-je certain que vous vous associerez tous, Messieurs, au toast loyal que je porte à M. Jules Grévy, Président de la République.

Ce toast est souligné par de vigoureuses salves d'applaudissements,

Discours du maire de Montdidier

M. Raviart se lève à son tour et porte le toast suivant :

Je porte la santé de MM. les ministres et je les remercie d'avoir daigné venir prendre part à nos fêtes comme les hôtes communs de la ville et du Comité du Centenaire.

C'est à l'attrait de leur présence qu'est dû l'éclat de cette solennité.

Que d'obligation Montdidier n'a-t-il pas au gouvernement de la République !

Deux visites officielles de ses membres les plus remarquables, en moins d'une année !

Après l'inauguration de nos écoles par le grand maître de l'université, la célébration du centenaire de Parmentier par les éloquents ministres de l'agriculture et de l'instruction publique !

Jamais, sous aucun régime, pareil honneur n'avait été fait à notre petite ville ; comme le disait ce matin M. le Ministre de l'agriculture, elle méritait une haute faveur pour les preuves qu'elle a données de son attachement aux institutions qui nous régissent et elle continuera de se montrer digne de la sollicitude dont elle est l'objet par la constance de son dévouement à la République.

Permettez-moi d'associer, dans mon toast, au nom de M. Goblet, celui de M. le sénateur Dauphin. — Nos deux éminents compatriotes sont, dans leur carrière politique, l'honneur de notre département, comme, dans leur carrière judiciaire, ils étaient l'honneur du barreau. — Nous sommes également fiers de l'un et de l'autre.

Discours de M. Jametel

M. Jametel porte un toast à M. le Ministre de l'agriculture en ces termes :

Je dois tout d'abord exprimer mes remerciements à M. le Maire de Montdidier ainsi qu'à M. le Président du Comité du Centenaire, qui m'ont chargé de la tâche agréable de porter un toast à M. le Ministre de l'agriculture. Rien ne pouvait me faire plus plaisir que d'avoir à saluer le magistrat éminent que le département de l'Aube regrette, le représentant de l'agriculture française, celui que nous avons entendu, dans la discussion sur les droits sur les blés, prononcer un discours qui n'est sorti de la mémoire d'aucun de ceux qui portent intérêt à l'avenir de nos campagnes ; celui qui, nous en sommes convaincus, saura encore défendre avec une franchise intrépide les intérêts de l'agriculture française.

Ce n'est ni le lieu, ni le moment ici de faire de longs discours économiques. Mais je tiens à rappeler en peu de mots ce que sont ces droits sur les céréales qui sont presque unanimement réclamés aujourd'hui. (Salve d'applaudissements). Nous ne voulons pas faire payer le pain plus cher, mais nous demandons une compensation, une rançon aux produits des pays plus favorisés que le nôtre. Les droits sur les céréales, ce n'est donc pas une injustice, c'est l'égalité.

Je ne reviendrai pas davantage sur les revendications de l'industrie sucrière, dont M. le ministre a entendu les représentants. Mais j'espère qu'il ira plus loin que ses promesses et qu'il saura nous obtenir, sur les sucres étrangers, la surtaxe non remboursable.

Je demanderai aussi à M. le Ministre de s'intéresser à la distillerie agricole. C'est par la distillerie fonctionnant dans chaque exploitation agricole un peu importante que nos concurrents, les Allemands, ont relevé la prospérité de leur agriculture. Aussi espérons-nous tous ici que l'honorable M. Develle continuera à étudier cette question et que bientôt il sera en mesure de nous apporter un projet de loi sur la matière.

Nous sollicitons encore de lui l'institution, sur de larges bases, d'un enseignement agricole pratique et ceci me permet d'associer à mon toast M. le Préfet, qui nous a donné de nombreuses preuves de l'intérêt qu'il porte au développement de la prospérité de nos campagnes. (Applaudissements).

Bientôt nous assisterons à l'inauguration de l'école d'agriculture du Paraclet, due à son initiative, jointe à celle du Conseil général.

Aussi formons-nous des vœux pour que M. Jules Develle reste longtemps à la place qu'il occupe comme ministre de l'agriculture (car sans stabilité il n'y a pas de progrès) et que M. Léon Cohn nous soit laissé longtemps à la tête de notre département. (Salve d'applaudissements).

Je bois à la santé de M. le Ministre de l'agriculture et de M. le Prefet !

Discours de M. le Ministre de l'Agriculture

M. le Ministre s'exprime ainsi qu'il suit :

Messieurs, avant de répondre aux paroles beaucoup trop flatteuses de mon honorable ami, M. Jametel, je veux remercier la ville de Montdidier de son brillant accueil et le Comité du centenaire des belles fêtes qu'il a su organiser.

Mais ces chants joyeux, ces accents harmonieux que nous venons d'entendre, tout cet éclat, toute cette gaîté, ne doivent pas nous faire oublier les plaintes de l'Agriculture.

D'ailleurs, si j'avais pu les oublier, les vœux de votre Conseil général que l'on m'a fait connaître, les réclamations des fabricants de sucre que j'ai entendues, me les auraient suffisamment rappelées.

A l'heure actuelle, après ce repas que Parmentier ne désavouerait pas (sourires), je ne saurais faire de déclarations officielles.

Mais je puis dire que la crise intense dont souffre l'agriculture appelle l'effort unanime de tous les bons citoyens (applaudissements).... que toute atteinte portée aux institutions que ce pays s'est données, ne saurait avoir d'autre effet que de retarder le rétablissement de la prospérité de la France (Nouveaux applaudissements).

A l'heure actuelle, les questions agricoles sont l'objet de toute la sollicitude du gouvernement. Depuis trois mois, entourés des savants les plus illustres, nous cherchons le moyen de venir en aide à l'agriculture et nous croyons l'avoir trouvé dans la création des distilleries agricoles. (Applaudissements).

Nous avons ouvert aussi une vaste enquête sur les ressources nationales et sur celles de nos concurrents et je puis vous promettre que les projets de loi que nous déposerons, ne seront influencés par aucune de ces préoccupations étroites d'école qui ont trop longtemps prédominé, mais seulement par les intérêts du pays. (Vifs applaudissements).

A l'industrie sucrière je puis aussi promettre l'appui fiscal du gouvernement et je crois qu'avec tous ces efforts réunis nous surmonterons les souffrances qui pèsent sur nous.

Ce n'est pas ici, en effet, que j'ai besoin de vous appeler à un effort sur vous-mêmes pour relever l'agriculture. La station agronomique d'Amiens, qui fonctionne de si utile façon, l'école pratique du Paraclet que vous allez bientôt inaugurer, sont les témoignages de ce que vous avez déjà fait.

Vous êtes résolument entrés, avec votre Conseil général, dans la voie du progrès et au bout de cette voie, soyez en convaincus, vous trouverez sûrement le relèvement agricole.

Aussi c'est avec confiance que je bois à l'agriculture de la Somme ! (Double salve d'applaudissements.)

Monsieur Goblet, ministre de l'instruction publique, sur les instances réitérées de Monsieur le Maire de Montdidier, prend à son tour la parole et s'exprime ainsi :

Messieurs,

Je vous demande la permission de répondre, à mon tour, au toast que vient de me porter M. le Maire de Montdidier, en ma double qualité de compatriote et de ministre de l'Instruction publique, de le remercier de ses paroles courtoises et de vous remercier aussi de la bienveillance avec laquelle vous y avez applaudi.

Vous m'avez habitué à ces témoignages de sympathie. Je n'ai pas oublié l'accueil cordial que vous m'avez fait, lorsqu'à la veille des dernières élections, je venais inaugurer votre belle école communale dont la prospérité croissante récompense aujourd'hui vos sacrifices et réalise les vœux que je vous avais exprimés. Je n'oublie pas surtout que dès le premier tour de scrutin qui nous ménageait de si pénibles surprises, la ville de Montdidier me donnait, en même temps qu'à mon collègue et ami M. Jametel, la grande majorité de ses suffrages.

Aussi ne pouvais-je hésiter à me joindre à mon collègue M. le Ministre de l'agriculture pour clore avec lui, aujourd'hui, dans cette solennité, la série des fêtes que votre ville a inaugurées il y a quinze jours en l'honneur d'un de ses plus glorieux enfants, qu'on a justement appelé aussi un des plus utiles bienfaiteurs de l'humanité. (Applaudissements.)

Vous avez bien voulu, Monsieur le Maire, dans vos paroles de tout à l'heure, comme dans celles que vous prononciez cette après-midi, témoigner votre sympathie au ministre qui a l'honneur de diriger, depuis plus d'une année, l'important service de l'instruction publique. Je vous en suis sincèrement reconnaissant. De semblables manifestations vengeraient amplement, s'il en était besoin, les hommes publics des attaques violentes et injustes auxquelles ils sont tous les jours en butte.

Je n'aurai pas l'indiscretion de vous entretenir ici de mes actes. Nous ne sommes pas venus pour vous parler de nous. J'aime à penser que ce n'est pas seulement au ministre de l'agriculture et au ministre de l'instruction publique que vos témoignages s'adressent, mais que vous saluez en nous les membres d'un Gouvernement qui s'applique loyalement et, je puis dire aussi heureusement, chaque jour, à tenir les promesses qu'il vous avait faites.

A ce moment, quelques protestations s'étant produites, M. le ministre reprend :

Messieurs, c'est comme membre du Gouvernement que nous avons été conviés à cette solennité (1) ; c'est en cette qualité et à ce titre que je parle ; toute autre attitude me paraîtrait indigne de moi comme du gouvernement dont je fais partie. (Vifs applaudissements).

Je disais que le gouvernement s'applique loyalement à tenir ses promesses. (Murmures).

M. le ministre de l'agriculture vient de vous dire ce qu'il fait pour les intérêts agricoles qui, dans ce pays, et au milieu de la crise que nous traversons, sont naturellement au premier rang de ses préoccupations.

D'une façon plus générale, qu'avait promis le cabinet actuel lorsqu'il s'est formé au mois de janvier, dans les circonstances que vous savez ? Dans la déclaration qu'il adressait aux Chambres et au pays, il annonçait qu'il considérait comme la tâche principale, essentielle de cette année 1886, d'assurer la paix au dehors. le règlement des entreprises coloniale engagées, l'ordre intérieur, la régularité dans notre situation financière.

Le gouvernement a-t il réussi dans sa tâche, au moins en grande partie ? Vous en pouvez juger. (Dénégations).

Les expéditions lointaines qui avaient jeté l'inquiétude dans les esprits sont aujourd'hui terminées. La paix a été faite à Madagascar comme elle l'avait été précédemment au Tonkin. Les droits essentiels que nous voulions nous réserver sur ces contrées arrosées du sang de nos soldats et que nous ne pouvions abandonner après de si grands sacrifices, ont été consacrés par des traités. Notre protectorat a été organisé ; il fonctionne : et du Tonkin comme de Madagascar, nos troupes et nos vaisseaux reviennent en ce moment, attestant ainsi que, comme le demandait le pays, l'heure de la force est passée et que c'est du progrès pacifique de la civilisation que nous devons attendre désormais l'accroissement de notre influence dans ces régions et la récompense de nos efforts. (Applaudissements et dénégations).

A l'intérieur, l'ordre n'a pas été sérieusement troublé. Sans

(1) Nous croyons devoir faire ici cette simple remarque : que M. Develle *seul* représentait le Gouvernement, comme l'indiquaient d'ailleurs toutes les pièces officielles du Centenaire. M. Goblet n'y assistait donc qu'à titre particulier.

doute, sur certains points du territoire, des évènements regrettables ont pu se produire. (Murmures).

Des grèves ont éclaté, que la crise agricole et industrielle explique, mais qui n'en sont pas moins funestes à tous les intérêts. Vous serez tous heureux, je pense, de m'entendre dire que le Gouvernement espère qu'elles touchent à leur terme. Quelque souvenir cruel que nous gardions d'incidents heureusements isolés, reconnaissons du moins que l'ensemble des faits qui les ont accompagnés, n'approche pas du spectacle que d'autres pays nous ont donné. Messieurs, ne soyons pas trop injustes envers nous-mêmes.

Enfin, quant à la situation financière, vous savez avec quelle franchise et quelle fermeté elle a été abordée, comment le Gouvernement s'est empressé de présenter un budget rigoureusement en équilibre, dans lequel il a tenu de faire rentrer, suivant le vœu tant de fois exprimé, toutes les causes de dépenses qui constituaient jusqu'ici nos budgets extraordinaires. (Dénégations et murmures).

Je ne vous parle pas de l'emprunt voté par les Chambres. Vous savez que cet emprunt n'a pas pour objet de faciliter de nouvelles dépenses, mais au contraire de consolider des dépenses antérieures, et qu'il s'agit uniquement de diminuer la dette exigible qui pèse sur nos finances. (Murmures).

C'est demain que s'ouvrent les guichets du Trésor. Eh bien, messieurs, on a beaucoup critiqué notre administration financière; on a parlé de la ruine du pays. Je ne crois pas m'aventurer cependant en disant que demain le succès de l'emprunt montrera ce qu'il y a encore d'épargne dans ce pays dont assurément nous ne méconnaissons pas les souffrances, quelle confiance il met dans son gouvernement, et ce que la République a fait du crédit de la France! (Vifs applaudissements et murmures).

Messieurs, je n'oublie pas que cette fête est avant tout celle de l'agriculture et je ne veux pas m'avancer plus loin sur le terrain de la politique. Sans doute, il reste bien des difficultés à vaincre, des obstacles à surmonter et le plus redoutable de tous les obstacles, je m'en aperçois bien ce soir, des divisions à apaiser et, s'il se peut, à éteindre. Mais laissons là, tout nous y convie dans cette réunion où les opinions les plus diverses se trouvent rapprochées, laissons là pour un moment les polémiques ardentes qui sont la condition de la vie parlementaire; je vous le demande, n'est-il pas vrai que dans ce résumé rapide de la tâche accomplie en trois mois, il y a pour tous les hommes de bonne volonté bien des gages de confiance et de sécurité ?

Nous poursuivrons notre œuvre avec un dévouement sans réserve. Aidez-nous à votre tour; c'est l'intérêt, et c'est aussi, j'en suis convaincu, le vœu de ce pays qui ne veut pas de révolutions, mais qui demande à ses gouvernements de durer pour lui donner la sécurité du lendemain, pour satisfaire ses besoins moraux et matériels et lui garantir la paix, le travail, le progrès dans la liberté. (Applaudissements).

Je ne terminerai pas ces quelques paroles sans porter un toast à la ville de Montdidier si paisible d'ordinaire, aujourd'hui si vivante et si animée, qui ne se distingue pas seulement par l'éclat de ses fêtes, mais par sa fidélité à la mémoire de ses concitoyens et qui, pour mieux témoigner sa reconnaissance envers Parmentier, rivalise avec les cités les plus opulentes en nous offrant une si généreuse et si cordiale hospitalité.

Je bois à M. le Maire, à la ville de Montdidier.

La péroraison de ce discours est accueillie d'un côté par une double salve d'applaudissements, et de l'autre par de violents murmures, provoqués, non pas seulement par la malheureuse incursion politique qui vient d'être faite, mais surtout par l'*oubli calculé* dans lequel on a laissé constamment les seuls, les *vrais* organisateurs du Centenaire.

Et c'est ce sentiment que traduisit un de nos concitoyens, en s'écriant : « Je bois à la santé de M. de Vienne, Président du Centenaire, *oublié* dans les discours ministériels. »

Toutefois l'honorable Président du Centenaire ayant demandé la parole, le silence se fit comme par enchantement ; et quoique l'émotion paralysât sa voix, chacun put parfaitement l'entendre.

Rendant d'abord hommage à l'éloquence des orateurs qui, d'après l'ordre des toasts ont porté la parole avant lui, « il déplore que la question soit sortie du terrain sur lequel le Comité du Centenaire l'avait posée ». et il ajoute :

« Nous avions dit dès le début de cette entreprise : « Pas de politique ! » Et nous avons tenu parole ; tous ceux qui nous ont vus à l'œuvre, qui y ont collaboré à un titre quelconque, peuvent en témoigner. (Applaudissements ; cris : Oui ! Oui !)

Pour nous, la question économico-sociale est la seule importante.

La solennité qui nous réunit tous ici a un double motif : Glorifier la mémoire d'un enfant du pays, qui, par ses travaux, son désintéressement, a mérité l'illustre titre de Bienfaiteur de l'humanité ; chercher un moyen pratique d'arracher l'Agriculture française à la triste situation dans laquelle elle languit, et relever avec elle l'Industrie française et le Commerce national. (Applaudissements).

Elle est donc à la fois commémorative et progressive. Commémorative par la glorification de la mémoire de notre illustre compatriote ; progressive dans ses effets.

L'enthousiasme de la population tout entière a puissamment contribué au succès des fêtes et le Concours de la municipalité a été précieux ; rendons hommage à chacun dans la limite qui lui est due. Mais soyons justes et ne la dépassons pas. (Bravo ! Bravo !!)

Nous savons qu'une immense quantité de variétés de pommes de terre réunies dans un même local n'offre pas ce coup d'œil enchanteur qui, flattant la vue du visiteur, attire et fixe son attention ; mais nous reconnaîtrons tous qu'elle provoque ses réflexions et ses études.

La pomme de terre, chez nous, est un symbole ; en l'exaltant nous appelons surtout l'attention des intéressés sur sa transformation industrielle, et particulièrement sur la distillation agricole des amylacés. Cette transformation, nous pouvons l'affirmer, entraînera le relèvement de l'agriculture et du travail national.

Ce que font les Autrichiens, les Allemands, les Russes, nous pouvons le faire ; nous pouvons relever notre agriculture par la distillation des amylacés.

Sans doute, la législation n'est pas la même chez nous que chez nos voisins ; mais les paroles bienveillantes de M. le Ministre de l'Agriculture nous donnent quelque droit d'espérer en l'avenir. (Applaudissements).

Et savez-vous, messieurs, quels résultats nous poursuivons ainsi ?

Nous exonérer, d'abord, d'un tribut de plus de 500,000 francs de viande venant de l'étranger, et vendue chaque semaine sur le seul marché de la Villette ; arrêter, ensuite, à la frontière, l'immense quantité d'alcool qui nous est fournie, à l'heure présente, par l'agriculture et l'industrie étrangères. Faire entrer enfin dans les bourses, dans les coffres de notre agriculture ces MILLIONS qui, chaque année, prennent, à notre grand détriment, la route de l'étranger.

Voilà quel a été notre but, quel doit être le grand et durable succès de nos fêtes du Centenaire de Parmentier.

Je bois à ce patriotique triomphe ! (Vifs applaudissements).

Qu'il me soit permis, en terminant, de témoigner la reconnaissance des organisateurs du Centenaire, à toutes les sociétés et aux individualités qui ont répondu à leur appel, et de remercier d'une façon tout à fait particulière, M. le Préfet qui nous a rendus de signalés services, et les membres du Gouvernement, qui ont daigné, par leur présence, ajouter à l'éclat de nos solennités, et donner aux populations agricoles un témoignage de leur profonde sympathie pour l'agriculture, notre première industrie nationale. *(Applaudissements prolongés)*.

La parole a été donnée alors à un membre de la famille Parmentier, lequel a prononcé la courte allocution suivante :

« Messieurs,

« C'est au nom de la famille de Parmentier que je viens remercier Messieurs les Ministres d'avoir donné à cette cérémonie tout l'éclat dont nous sommes témoins. Merci aussi aux organisateurs de cette fête de nous avoir conviés à venir célébrer la mémoire de notre grand-oncle dans sa ville natale.

« Je bois à Montdidier, je bois à la mémoire de Parmentier. »

M. de Salis, délégué de la Société des Agriculteurs de France félicite, à son tour, le Comice agricole d'avoir à sa tête des hommes tels que MM. de Vienne, Debailly, Pluchet, etc. etc., et de compter parmi ses membres des agriculteurs aussi distingués que MM. Bertin, Triboulet, etc. — Il dit combien la Société des agriculteurs de

France, jouant ainsi le rôle d'une sœur aînée auprès d'un cadet bien-aimé, a été heureuse de venir aider le Comice de Montdidier, dans cette conception aussi hardie que reconnaissante du Centenaire de Parmentier. Et c'est avec un fier orgueil que rappelant que cette Société a mis à la disposition du Comice 3 objets d'arts, 9 médailles de vermeil, 9 médailles d'argent et 12 de bronze, il boit au Comice de Montdidier et à l'union de toutes les Sociétés d'agricultures.

Puis on se leva de table, pendant que la Fanfare jouait, avec son brio habituel, « *La Parmentière* » marche de M. Leblanc, sous-chef de musique au 54e de ligne.

Il était six heures du soir.

A ce moment un bien triste incident se produisit entre deux honorables convives que le discours politique de M. Goblet avait excités chacun dans un sens contraire. L'un d'eux houspillé par l'autre et ne pouvant s'en débarrasser se laissa emporter jusqu'à lui fendre le visage avec sa canne.

Nous ne donnerons pas à cet incident plus d'importance qu'il n'en mérite ; mais nous ne pourrons nous empêcher de regretter avec le plus grand nombre des convives, — ce qui a d'ailleurs été dit alors, et fort bien, par un des invités des plus distingués — qu'on ait fait dégénérer ainsi un repas de fête, une assemblée professionnelle, en un club politique.

En quittant le banquet, les ministres se sont rendus sur la place du Marché-aux-Vaches, où depuis le matin avaient lieu les opérations du gonflement du ballon « le Parmentier » sous la direction de M. Lachambre, aéronaute-constructeur, aidé de notre concitoyen M. C. Gravis, l'aéronaute amiénois bien connu.

A 6 heures 5, le lâcher a eu lieu dans de fort bonnes conditions et l'aérostat s'est élevé presque verticalement, enlevé par un vent très léger. Après avoir plané sur la ville et avoir atteint l'altitude maxima de 1,400 mètres, l'aéronaute, M. Lachambre remplaçant M. Lhoste, est allé atterrir à Framicourt, à 6 heures 50 minutes.

Pendant les opérations préliminaires de l'ascension, une quête pour l'Institut Pasteur a été faite qui a produit 53 fr. 10.

A 6 h. 30, les ministres repartent pour Paris, salués une dernière fois sur le quai de la gare par les représentants et les fonctionnaires du département.

A 7 heures, un train emporte vers Amiens M. le Préfet et toutes les personnes qui l'accompagnent.

Mais à Montdidier, la fête est loin d'être terminée, car voici que la ville s'éclaire comme par enchantement, par des illuminations variées et du plus splendide effet.

De toutes parts, dans toutes les rues elles sollicitent la foule, qui ne sait lesquelles elle doit le plus admirer.

Deux cependant semblent avoir obtenu la palme : celle de la maison où est né Parmentier, au premier étage de laquelle un transparent lumineux représentait de profil l'illustre philanthrope ; l'autre, avenue Victor Hggo, chez notre sympathique professeur de musique M. Braut Alphonse, où un transparent entouré d'une guirlande de feu, représentait une *touffe de parmentières* avec ces mots en exergue : « A LA PARMENTIÈRE. »

A huit heures 25 minutes, au pied de la statue de Parmentier, M. Gaston Heuzé, inspecteur honoraire d'agriculture, ayant à ses côtés, M. Raviart, maire, et M. Carpentier, premier adjoint, commença l'éloge de Parmentier, que nous publions ci-après. Cet éloge, fort bien écrit et des plus complets, a été prononcé d'une voix claire et sonore par l'honorable inspecteur ; il a été très applaudi par l'assistance au milieu de laquelle nous avons remarqué les membres de la famille Parmentier.

Vers le milieu de son discours, M. Heuzé s'étant reposé un instant, les chanteurs de la *Philharmonique* et les élèves de l'institution Parmentier firent entendre de nouveau la *Parmentière*, qui, cette fois encore, fut très applaudie.

A la fin de l'éloge, un de nos concitoyens, M. V. Besse, déposa sur la tête de la statue une magnifique couronne d'or offerte par la municipalité. Au même moment, un montdidérien de cœur, M. Magnier, de Versailles, déposa un bouquet au pied de la statue et autour de celle-ci furent allumées des flammes de bengale.

Vers 9 heures et demie, M. Heuzé descendit de son estrade.

Tout le monde se dirigea alors vers le Chemin-Vert où le feu d'artifice a été tiré à 10 heures. A ce moment, la foule était immense sur le champ de foire. Le feu d'artifice a parfaitement réussi. La pièce principale représentait la statue de Parmentier et ses initiales A. P. Le bouquet fut splendide. Des danses champêtres très animées ont terminé gaiement ces magnifiques fêtes du Centenaire dont Montdidier gardera toujours le souvenir.

Et, maintenant, qu'il nous soit permis en terminant le compte-rendu de ces belles et touchantes fêtes d'adresser tous nos remerciements et tous nos compliments à tous ceux qui, de loin comme de près, peu ou beaucoup, ont contribué à leur réussite et à leur éclat.

C'est à eux tous, et plus particulièrement encore aux nombreux souscripteurs, surtout aux membres si dévoués du corps des pharmaciens militaires, que nous devons attribuer le succès et reporter les éloges qu'il nous a valus.

C'est qu'aussi ils ont compris, comme nous, que la reconnaissance était avant tout une fleur de France, et que s'il y avait un devoir à remplir en exaltant les gloires d'un triomphateur, d'un génie, d'un savant quelconque, ce devoir était encore plus impérieux, lorsqu'il s'agissait de vénérer la mémoire d'un bienfaiteur de l'humanité, d'un véritable ami du peuple, qu'il se nommât Vincent de Paul ou Parmentier.

ÉLOGE DE PARMENTIER

par M. G. Heuzé (1)

> Il suffit de propager une plante utile pour devenir le bienfaiteur de son pays.
>
> (Bernardin de Saint-Pierre.)

Si Montdidier, dont l'origine se perd dans la nuit des temps, ne se révèle de nos jours que par ses antiques habitations et les restes de ses majestueuses murailles, cette vieille cité a son nom inscrit dans l'Histoire de France. On sait que ses habitants méritèrent le nom de *braves* par leur belle conduite à la bataille de Bouvines, et lorsque, par leur héroïque résistance et leur vaillance, ils forcèrent les Espagnols à chercher ailleurs la conquête d'une ville fortifiée.

Peu de cités ont donné naissance à autant de personnages illustres que la ville de Montdidier. C'est dans ses murs, en effet, que naquirent: Frédégonde, la femme de Chilpéric Ier, Hugues de Payens qui fonda, en 1118, le célèbre ordre des Templiers; Aubry de Montdidier, le chevalier de Charles V, qui fut assassiné par Richard de Macaire; Robert Lecoq, évêque de Laon; Fernel, le célèbre philosophe, médecin et mathématicien, les Capperonnier, Claude, Jean et Augustin, illustres philologues; Parmentier, l'immortel propagateur de la pomme de terre en France; Caussin de Perceval, célèbre orientaliste, membre de l'Académie des inscriptions et belles lettres.

Tous ces grands personnages ont eu leur gloire en temps opportun, car, il ne faut pas l'oublier, c'est le propre des hommes utiles de naître à une époque où la société réclame le concours de leur intelligence, de leur dévouement et de leur amour pour l'humanité.

Lorsque Parmentier Antoine-Augustin naquit, rue de la Mercerie, à Montdidier, le 12 août 1737, la France était une grande puissance; elle venait de conquérir la Lorraine et était devenue de nouveau l'arbitre de l'Europe. Cette situation se prolongea jusqu'au moment où éclata la guerre de Sept ans, c'est-à-dire jusqu'en 1755...

Parmentier était le second enfant de Jean-Baptiste-Augustin Parmentier, commerçant linger sans fortune. Sa sœur, Marie-Suzanne, plus âgée d'une année, épousa Jacques Houzeau, bourgeois de Paris; son jeune frère, Antoine-Simon Parmentier, né le 28 octobre 1741, dont les descendants habitent Paris et Châteauroux, devint receveur des aides à Chaumes en Brie.

Parmentier perdit deux de ses frères, Nicolas et Paul, en

(1) Lu à Montdidier à l'occasion des fêtes du Centenaire de Parmentier.

1748 et 1749 ; le premier était âgé de huit ans et le second de cinq ans.

La mère de Parmentier, née Marie-Euphrosine Millon, femme d'un grand caractère, était très distinguée ; elle descendait de Jeanne de Beauvais et avait vingt-neuf ans lorsqu'elle épousa le père de Parmentier, le 6 juin 1735. Ayant reçu une éducation supérieure, elle se voua avec un dévouement remarquable à l'instruction de ses enfants. C'est elle qui enseigna les éléments de la langue latine à son fils Augustin, tout en développant dans son âme des idées de bienfaisance, l'amour des infortunes et le goût des occupations utiles. Elle fut secondée dans cette tâche par un vénérable et honnête ecclésiastique. C'est dans sa foi religieuse qu'elle puisa la force qui lui était nécessaire pour être infatigable et paraître heureuse dans sa situation. Son amour pour ses enfants la rendit très sensible pour les malheureux, mais c'était souvent avec un serrement de cœur qu'elle regrettait de ne pouvoir leur venir en aide.

Le jeune Parmentier venait d'accomplir sa dix-septième année lorsqu'il entra, en 1753, comme élève chez maître Frison, dont la pharmacie existait dans la maison à l'architecture espagnole sise place de la Croix-Bleue, à Montdidier. Il avait pris cette détermination, désireux qu'il était de se rendre promptement utile à sa mère et de diminuer les lourdes charges qu'elle avait à supporter. Parmentier était très studieux. Sa chambre, souvent éclairée pendant la nuit, attestait qu'il travaillait pour combler la lacune que présentait sa première instruction. Lorsqu'il quitta l'officine de Montdidier, en 1755, pour se rendre à Paris et être attaché à l'importante pharmacie de Simonet, parent de maître Frison, officine qui était située rue Croix-des-Petits-Champs, sa bourse était légère, mais il était riche d'espérances, parce qu'il avait beaucoup acquis et qu'il joignait la persévérance à la patience.

Ce n'est pas sans de vives émotions qu'il se sépara de sa mère, pour laquelle il avait une admiration sans bornes, un respect qui la rendait bien heureuse au milieu de ses peines morales et des difficultés qu'elle avait à surmonter. Toutefois, ce ne fut pas sans une profonde douleur qu'elle le vit s'éloigner de la ville où son père avait su conquérir l'estime générale, où son aïeul Sébastien Parmentier (1) avait été maire, pour aller, si jeune, au milieu des passions les plus diverses, au sein d'une population à la fois grave et frivole.

Parmentier ne resta pas longtemps chez maître Simonet. Il partit, en 1757, à l'âge de vingt ans, pour l'armée du Hanovre, en qualité de *pharmacien militaire*. Il devait cette position à l'appui bienveillant de l'intendant Chamousset et du célèbre Bayen, pharmacien en chef, qui, l'un et l'autre, l'avaient pris sous leur protection.

Sa conduite pendant la guerre fut admirable de dévouement et de stoïcisme. Il fit preuve d'une grande intrépidité en bravant la mort pour voler au secours des blessés gisant sur le

(1) Sébastien Parmentier se maria à Assainvillers, le 27 juillet 1705, avec Françoise Lefebvre ; il mourut le 19 octobre 1740, âgé de soixante-quinze ans. Les Lefebvre, Triboulet et Langlet, qui habitent Assainvillers, sont des descendants de Françoise Lefebvre.

champ de bataille. De plus, d'une fermeté inébranlable et sans cesse au milieu de la contagion quand une affreuse épidémie se déclara dans les ambulances, son dévouement lui valut de nombreux éloges et le grade de *pharmacien en second*; malheureusement, il fut fait cinq fois prisonnier, et cinq fois aussi il fut complètement dépouillé par les Prussiens.

La guerre du Hanovre dura sept années. C'est à l'instigation non justifiée de la marquise de Pompadour que la France intervint dans la querelle de l'Autriche et de la Prusse. Cette longue guerre eut pour conséquence de raviver la haine de l'Angleterre contre notre patrie, d'épuiser nos ressources et de nous faire perdre une partie de nos colonies.

C'est pendant sa captivité militaire que Parmentier put apprécier à sa juste valeur l'utilité de la pomme de terre. Confiné dans une étroite et sombre prison, il ne reçut souvent que cet aliment pour toute nourriture. Ayant trouvé le tubercule de cette plante très salubre, très nutritif, il se promit de l'étudier et de l'expérimenter lorsqu'il serait libre.

La rigueur que l'on exerçait contre lui se modifia, et un jour il fut possible de venir se loger à Francfort-sur-le-Mein chez Meyer, pharmacien, l'un des plus savants et des plus riches chimistes de l'Allemagne, avec lequel il se lia d'une profonde amitié. Meyer, fier de son hôte, bien pénétré de ses nobles sentiments, admirant son excellent caractère, témoin de son penchant pour l'étude et de son ardeur à tout connaître, convaincu, enfin, qu'il avait un cœur aimable et généreux, lui proposa et son établissement et sa fille en mariage. Parmentier fut très ému en entendant Meyer parler ainsi, et il lui serra affectueusement la main; mais, se rappelant les larmes que versa sa mère au moment de son départ pour l'Allemagne, il se vit forcé de refuser les bienveillantes propositions qui lui étaient faites. D'Alembert, ignorant les ordres de Meyer et la réponse de Parmentier, proposa à ce dernier de remplacer Magraff auprès du grand Frédéric; mais le jeune pharmacien aimait trop la France pour accepter ses offres, qui étaient certainement très séduisantes. Il répondit à d'Alembert : *Ma patrie me réclame; je n'ai encore rien fait pour elle !* C'est chez Meyer qu'il se reposa des fatigues de la guerre, continua ses études en chimie et en pharmacie, et s'initia à la langue allemande.

De retour en France, après le traité de paix signé en 1763, Parmentier se rendit à Montdidier. Il y avait sept années qu'il n'avait embrassé sa mère et vu sa sœur, qu'il aimait avec idolâtrie. Avec quelle joie il revit sa ville natale, la petite maison à un étage dans laquelle son enfance ne connut que la simplicité et le bonheur ! Avec quelle douce émotion il aima à se rappeler les précieux conseils qu'il reçut de sa mère, quand elle se fit son institutrice et qu'elle développa sa sensibilité pour ceux qui souffrent !

Parmentier, doué d'un esprit méditatif et aimant la vie régulière, eut toujours une philosophie douce et riante, et, pendant toute son existence, il se distingua par des habitudes d'ordre, de moralité et d'économie. Sa vie laborieuse s'alliait bien avec les qualités de son cœur ! Aussi, étant sans fortune et voulant assurer son avenir, comprit-il bientôt que le moment était arriver de s'éloigner de nouveau de sa famille, tout en gravant dans son cœur les souvenirs délicieux des heureux jours qu'il avait passés au milieu d'elle.

Aussitôt arrivé à Paris, reconnaissant qu'il avait encore beaucoup à apprendre dans les sciences, il suivit au collège de Navarre, les cours de physique de l'abbé Nollet, au Jardin du Roi, les cours de Rouelle aîné, qui fut le maître de Lavoisier et dont il fut pendant quelque temps le préparateur. Il compléta son instruction scientifique en suivant avec Jean-Jacques Rousseau les herborisations de Bernard de Jussieu. L'espoir d'être un jour utile à sa patrie l'enflamma d'un zèle ardent, et il se livra à des études sérieuses et incessantes.

Parmentier avait autant de modestie que de persévérance, et sa passion pour l'étude faisait le fond de son caractère. C'est dans le but de pouvoir acheter les livres qui lui étaient nécessaires et d'envoyer quelques secours à sa mère, qu'il se privait de vin et vivait frugalement. Ayant épuisé ses ressources, il se vit forcé d'entrer comme aide dans la pharmacie Lorou.

Studieux comme il l'était, Parmentier se nourrissait de l'espoir d'occuper un jour une position honorable et lucrative. Son espérance se réalisa beaucoup plus tôt qu'il ne l'avait pensé. En 1765 il obtint, au concours, une place de *pharmacien gagnant maîtrise* à la maison royale des Invalides, position très secondaire, il est vrai, mais qui lui permit d'espérer des temps meilleurs.

A cette époque, la France était sans cesse menacée d'une famine aussi générale que celles de 1740, 1741 et 1752, parce que quatre millionnaires et quatre intendants des finances étaient maîtres des subsistances qui lui étaient nécessaires. Il est vrai qu'un édit du 19 juillet 1764 proclama la liberté du commerce des grains; nonobstant, une disette se montra de nouveau en 1767, 1768 et 1769, en apportant le désespoir et la mort à des milliers d'infortunés. Cette déplorable situation frappa Parmentier et lui fit entrevoir la tâche qu'il devait s'imposer dans l'intérêt de son pays.

Dans ses nouvelles fonctions, Parmentier sut conquérir, par sa modestie, son aménité et la douceur de son langage, toutes les sympathies des hommes avec lesquels il avait des relations. Naturellement bon, très zélé et toujours gai, il était très aimé des sœurs et des soldats. Les loisirs que lui laissèrent de temps à autre ses fonctions, il les utilisa à cultiver la pomme de terre et à rédiger d'importants mémoires. C'est pendant qu'il fut attaché comme aide à la pharmacie de l'hôtel des Invalides qu'il écrit le mémoire qui lui valut, en 1771, le prix que l'Académie de Besançon avait proposé pour la question suivante, qui était à la fois politique et sociale, mais qui avait alors sa raison d'être: *Quelles plantes, en France, peuvent suppléer aux autres nourritures de l'homme, et quelle est la nature de l'aliment qu'on peut tirer de ces végétaux?* Ce mémoire fut publié en 1772; il eut un grand retentissement en France et à l'étranger et fut approuvé par les savants les plus illustres. On le réimprima en 1781, sous le titre de *Recherches sur les végétaux qui, dans les temps de disette, peuvent remplacer les aliments ordinaires.* Cette seconde édition est plus complète que la première.

Parmentier était bien convaincu alors des mérites incontestables de la pomme de terre. Pour justifier aux yeux de tous sa conviction profonde, il écrivit les lignes suivantes : « La « pomme de terre, trop longtemps dédaignée, trop longtemps « réservée pour la nourriture du bétail, doit aussi servir à la « nourriture de l'homme. Il faut, en un mot, qu'elle apparaisse « sur la table du pauvre, et qu'elle y occupe le rang que la « saveur et la qualité de ses tubercules devraient lui avoir « acquis depuis longtemps! »

Louis XV, le 18 juillet 1772, récompensa Parmentier de son activité et de son dévouement pour l'humanité en lui délivrant un brevet d'*apothicaire-major*, qui le fixait aux Invalides et qui le rendait l'égal du chirurgien-major. Cette nomination lui procura de grandes félicités, bien qu'elle lui imposât d'importantes et continuelles occupations ; malheureusement, elle devint le sujet d'une animosité profonde contre lui de la part des religieuses. Les sœurs prétendirent qu'elles étaient en possession de la pharmacie depuis Louis XIV, et qu'elles ne pouvaient reconnaître aucun supérieur. Les récriminations des religieuses furent très vives, et elles durèrent plus de deux années. Ayant prié Marie-Antoinette de les protéger auprès du roi, Louis XVI, dont la bonté était proverbiale, se laissa vaincre et retira à Parmentier son brevet le 31 décembre 1774, mais il lui accorda une pension égale aux appointements qu'il recevait, et il lui laissa le logement que le gouverneur lui avait donné. C'est à dater de cette époque qu'on le désigna souvent, jusqu'en 1790, comme *pensionnaire du roi aux Invalides*.

Parmentier, dont la modestie égalait la bonté, se consola de cette sorte de disgrâce ; mais, ne voulant pas rester inactif, il se livra à de nouveaux travaux en consacrant bien des nuits à méditer sur les souffrances des classes ouvrières. C'est alors qu'il entreprit de poursuivre ses études sur la *mouture économique* et la pomme de terre. C'est en passant en revue tous les fruits et toutes les racines, qu'il reconnut de nouveau que cette solanée était bien la seule plante qui pouvait suppléer aux céréales dans les temps de disette.

La pomme de terre était alors cultivée en Allemagne, dans la Lorraine, l'Alsace et les Vosges ; mais, malgré la déclaration de la Faculté de médecine de Paris, un grand nombre de personnes, dans la Brie, la Picardie, la Normandie, etc., etc., la regardaient encore comme insalubre, parce qu'elle contenait, disait-on, un principe malfaisant qui engendrait la lèpre et la fièvre.

Convaincu qu'on refusait encore, bien à tort, à Paris, de manger les tubercules de cette précieuse plante, Parmentier, ami du travail et du progrès agricoles, s'imposa la mission de détruire toutes les erreurs qu'on propageait sur cette solanée, en éclairant la population par des faits bien constatés. La lutte qu'il eut à soutenir fut longue, mais elle se termina en son honneur. *L'examen chimique de la pomme de terre*, qu'il publia en 1778, et l'ouvrage qu'il fit imprimer en 1786, sous le titre : *Culture de la pomme de terre*, prouvèrent, par les nombreuses et intéressantes observations qu'on y trouve, qu'il avait étudié cette plante dans ses moindre détails.

La pomme de terre ne fut pas la seule plante alimentaire qui fixa l'attention de Parmentier. En 1774, après avoir publié la traduction, en deux volumes, des *Récréations physiques, chimiques et économiques*, de Model, premier pharmacien de l'impératrice de Russie, il fit un voyage en France, dans le but de constater la bonne et la mauvaise qualité du pain qu'on y fabriquait et mangeait. En 1770, il avait fait paraître un *Traité sur la châtaigne*, ouvrage très instructif et le seul publié jusqu'à ce jour sur ce fruit sec. En 1775, il rédigea son *Traité sur les grains*; en 1781, il fit imprimer un intéressant travail intitulé: *Analyse des blés et des farines*. Cette étude lui valut, l'année suivante, le grade d'*apothicaire-major de l'armée de Genève*.

Le maïs ou blé de Turquie devait aussi préoccuper Parmentier. Son mémoire intitulé: *Traité du maïs*, publié et couronné le 24 août 1784, par l'Académie royale de Bordeaux, est encore consulté avec fruit. En 1788, il publia le *Parfait Boulanger*, ou *Traité complet sur la fabrication et le commerce du pain*.

Tous ces ouvrages et un très grand nombre d'opuscules ont eu pour complément un livre in-4°, publié en 1789, sous le titre de: *Mémoire sur les avantages que la France peut retirer de ses grains*, et l'ouvrage, en huit volumes, dans lequel il a tracé d'agréables portraits de la ménagère, de la laitière, et qui a pour titre: *Economie rurale et domestique*. Le mémoire qu'il rédigea avec Deyeux sur *les propriétés physiques et chimiques des laits fournis par les mammifères* lui valut, le 23 février 1790, un prix de l'Académie de médecine.

Jusqu'en 1784, Parmentier, toujours préoccupé de son idée principale: la propagation de la pomme de terre, s'était contenté de recommander la culture de cette plante ou de distribuer des tubercules à ceux qui voulaient l'expérimenter ou l'introduire dans leur localité. Ses écrits furent lus avec intérêt, mais ils n'apportèrent pas toujours la conviction dans les esprits incrédules; aussi les préjugés contre l'utilité de ces tubercules avaient-ils encore une grande vitalité! C'est pourquoi il disait, en 1781: « Les vues les plus utiles sont longtemps contrariées, empoisonnées par les préjugés; il faut réfuter paisiblement et sans humeur ceux qui sont disposés à tout repousser; il faut être courageux pour braver leur injustice et leur ingratitude. Je n'ai jamais eu d'autre but que le bien général. »

Parmentier était autorisé à faire entendre ces plaintes. Son dévouement et sa loyauté avaient été si peu compris, que beaucoup d'esprits le regardaient comme un homme voulant spéculer sur la bonne foi publique. Le peuple de Paris s'était montré aussi véritablement injuste à son égard, par suite de son ignorance et de ses préjugés; mais le dédain des hommes ne troubla pas la sérénité de son âme, il n'arrêta pas l'activité de son intelligence; en outre, la malignité des esprits caustiques et méchants ne parvint pas à diminuer les espérances qu'il avait conçues de voir un jour la pomme de terre figurer sur la table du riche et sur celle du pauvre. Voltaire, qui s'était rangé du côté des incrédules, n'hésita pas à dire que la pomme de terre était un amusement public. Cette sanglante observation du philosophe de Ferney attrista Parmentier, mais elle ne lui fit aucune blessure.

C'est sous l'empire des idées erronées qu'il avait à réfuter que Parmentier, en 1785, époque où la cherté du blé alarmait et les populations et le gouvernement, eut l'idée de faire une expérience publique aux portes de Paris dans le but de démontrer combien était facile la culture de la pomme de terre. Ces essais furent faits sur 2 arpents dans l'île des Cygnes. Parmentier, à sa grande satifaction, fut chargé de diriger ces expériences. Les tubercules y furent plantés pendant la première quinzaine de mai. Soit pour empêcher les adversaires de ces essais de nuire à leur réussite, soit pour attirer les regards de la population de Paris, on fit garder pendant le jour par des gendarmes les expériences faites dans la plaine des Sablons.

Cette mesure produisit les effets sur lesquels on avait compté. Toutefois, la réussite de cette expérience démonstrative permit de croire que l'impression serait beaucoup plus profonde encore sur la population de Paris si on donnait à ces essais une importance beaucoup plus considérable. C'est alors qu'il fut décidé qu'on tenterait l'année suivante, en 1786, des expériences sur 35 arpents dans la plaine des Sablons et 14 arpents dans la plaine de Grenelle. Cette décision causa un plaisir extrême à Parmentier, et elle ranima toutes ses espérances. Ce fut encore lui qui eut la direction de ces essais. Son aptitude spéciale pour les expériences l'avait désigné de préférence à tout autre. L'étendue occupée par la pomme de terre était telle, qu'elle attirait chaque dimanche de très nombreux spectateurs. Cette culture était nouvelle pour l'habitant de Paris. C'était un magnifique champ de verdure orné de nombreuses fleurs blanc-lilacé.

Au mois d'août, lorsque les tiges furent chargées de fleurs, Parmentier, avec l'appui du comte d'Angiviller, sollicita l'honneur d'en présenter un bouquet à Louis XVI. Le roi, qui était animé des intentions les plus louables en faveur des progrès de l'agriculture, et qui venait de créer la ferme expérimentale de Rambouillet, acquiesça avec empressement à cette demande.

L'accueil que Louis XVI fit à Parmentier, la veille de la St-Louis, à Versailles, devant toute la cour, les félicitations qu'i. lui adressa pour son désintéressement et le noble but qu'il poursuivait avec une ardeur et une persévérance des plus louables, le rendirent bien joyeux. Le roi n'ignorait pas que rien n'était étranger à son zèle et à son dévouement et qu'il avait une tendre sollicitude pour les masses. Les hauts personnages présents à cette solennelle réception, en voyant le roi attacher quelques fleurs de pomme de terre à sa boutonnière, épuisèrent, en l'honneur de Parmentier, les plus chaudes expressions de la reconnaissance et de l'admiration, et ils s'engagèrent tous à cultiver cette précieuse plante.

Les calomnies et les épigrammes cessèrent devant l'authenticité des faits constatés à la suite des essais opérés dans la plaine des Sablons et la plaine de Grenelle. Voltaire, cet esprit fin et railleur, se montra plus juste envers Parmentier, dont la popularité grandit de jour en jour à partir de ce moment, et il lui écrivit les lignes suivantes: « Vous avez rendu un grand service à la France en lui prouvant qu'elle peut tripler ou quadrupler les substances nécessaires à ses nombreuses populations... Croyez-moi, une gloire comme la vôtre est pure et mérite l'ovation de tous ceux qui aiment l'humanité ! ».

A la maturité des tubercules, en octobre, le peuple vint la nuit en extraire pour en manger et bien apprécier leur qualité.

Ce larcin fit plaisir à Parmentier, parce qu'il en concluait que la pomme de terre pouvait être considérée désormais comme appartenant à l'opinion publique.

Les pommes de terre cultivées dans la plaine de Grenelle ne furent pas gardées pendant le jour par la force publique, mais Parmentier les fit entourer par un large fossé, dans le but d'attirer l'attention des maraudeurs et les exciter à les arracher. Les ouvriers qui vinrent la nuit dérober des tubercules trouvèrent dans le sable le pain qui manquait à leur famille. C'est à partir de ce moment que, dans les faubourgs, on appela Parmentier : l'*homme à la pomme de terre!*

Mais il ne suffisait pas à Parmentier d'avoir démontré au peuple de Paris, par de solennelles expériences, que la pomme de terre est d'une culture facile et que ses tubercules constituent un aliment sain au premier degré. Il lui importait aussi de prouver à la haute société que ces tubercules peuvent servir à de nombreuses préparations culinaires. C'est dans le but de faire cette démonstration aussi éclatante que possible qu'il donna le 24 octobre 1787, un grand dîner, auquel il avait convié Arthur Young, Lavoisier, Broussonnet, l'abbé Commerel, Vilmorin, etc. La pomme de terre seule fournit la substance de tous les mets; les liqueurs même avaient été fabriquées avec de l'alcool extrait des tubercules. Ce repas fit, pendant plusieurs semaines, le sujet des conversations dans les principaux salons de Paris. Le 1er novembre 1778, Parmentier avait fait servir un pain de pomme de terre sur la table du baron d'Espagnac, gouverneur des Invalides, alors qu'il recevait Franklin et les ministres du roi. C'est après tous ces faits que François de Neufchâteau proposa d'appeler désormais la pomme de terre *Parmentière*, en l'honneur de son illustre propagateur.

Parmentier, sans être un grand génie, comme beaucoup de ses contemporains : Lagrange, Delille, Jenner, Oberkampf, etc., est digne de la vénération de tous les amis de l'humanité. Personne ne déploya plus de fatigues pour éclairer le peuple sur la valeur alimentaire de la pomme de terre. Fournir à la société les moyens d'être à l'abri des famines était véritablement une œuvre humanitaire. Parmentier était convaincu, lorsqu'il dirigea ses utiles expériences, que c'est par des faits démonstratifs qu'on parvient à dévoiler aux hommes les merveilles de la nature. La lutte qu'il eut à soutenir contre les incrédules et les préjugés dura quinze années. Ses adversaires ne cessèrent de lui reprocher ses illusions; mais, décidé à marcher vers le progrès, jamais il ne se découragea; il savait que c'est la richesse d'un pays en aliments de première nécessité qui fait sa puissance et sa gloire. La sérénité de son âme, sa longue expérience des hommes et des choses lui permirent d'être opiniâtre dans ses vues et de dédaigner l'envie et la calomnie.

Les expériences faites dans la plaine des Sablons, dont on célèbre en ce moment le centenaire, eurent en France et à l'étranger une renommée très grande. Partout on reconnut qu'elles avaient été faites dans des vues de bien public, et surtout d'assurer à la société les moyens de vivre au milieu d'une douce quiétude. L'abbé Dicquemare, savant naturaliste, disait en 1788 à Parmentier qu'en se promenant aux environs du Havre, il avait entendu une mère rappeler son enfant en lui criant : *Reviens à la maison, tu auras des pommes de terre!*

La Révolution enleva à Parmentier toutes les places qu'il occupait, le priva de sa pension et lui retira le logement qui lui avait été accordé à l'hôtel des Invalides. Pendant la Terreur, il fut mis au rang des suspects par de prétendus amis du peuple. Aussi, au lieu d'acclamations, ne trouva-t-il dans les réunions publiques que le dédain causé par les préjugés. Un jour, il eut l'idée de briguer les suffrages dans les élections populaires, mais on refusa de l'accepter. A peine son nom fut-il prononcé qu'on s'écria : *Ne parlez pas de lui, il ne nous ferait manger que des pommes de terre ; c'est lui qui les a inventées !*

Ayant été décrété d'arrestation, il allait être victime de ces temps d'horreurs et de crimes, lorsque Gilbert et Huzard père le firent échapper à la prison et à l'échafaud au moyen d'une mission qu'ils avaient obtenue pour lui, et qui le chargeait de rassembler en Auvergne les médicaments dont les pharmacies militaires étaient dépourvues. Grâce au dévouement de ces deux collègues de la Société nationale d'agriculture, Parmentier put ainsi se soustraire à la vindicte publique jusqu'à la révolution du 9 thermidor, qui lui rendit le calme dont il avait besoin et qui lui permit de consoler son âme de l'injustice des uns et de l'ingratitude des autres.

Bien peu de temps s'écoula après son retour de l'Auvergne avant qu'on ne reconnût qu'on ne pouvait se passer de ses lumières et de son expérience. Alors on le chargea de s'occuper de la *salaison des viandes pour la marine*, et, en l'an VIII, il entra avec son ami Bayen dans le conseil de santé pour réorganiser le service pharmaceutique des armées et la pharmacie centrale des hôpitaux militaires ; il avait alors le titre de *premier pharmacien des armées*. Plus tard, on lui demanda les moyens d'améliorer *les soupes économiques*, *le pain des soldats*, et *le biscuit des marins*. Plus tard encore, en 1801, on l'appela au conseil de salubrité du département de la Seine et au conseil général des hospices civils. En l'an IV, il avait été nommé *inspecteur général du service de santé des armées de terre*, fonction dans laquelle il se montra sévère, mais bon dans ses jugements. Pendant le blocus continental, époque où le sucre était d'un prix très élevé, il signala dans cinq volumes les avantages du *sirop de raisin*, qu'il appelait le *sucre du pauvre*. A cette dernière date il avait rédigé et publié son *Codex pharmaceutique à l'usage des hospices civils*.

Parmentier fut élu membre titulaire de la Société nationale d'agriculture de France en 1788, et membre de l'Académie des sciences en 1796. Il était officier de la Légion d'honneur. Après les grandes expériences de 1788, toutes les Sociétés savantes l'inscrivirent parmi leurs membres honoraires et lui envoyèrent des diplômes. Fait rare et remarquable pour l'époque, son éloge fut prononcé en 1793 à la Société philomathique et au Lycée des arts devant des assemblées nombreuses. Parmentier a été une des abeilles de l'agriculture du XVIIIe siècle ; il a beaucoup écrit. Il a collaboré au *Dictionnaire d'histoire naturelle ;* au *Nouveau cours d'agriculture* ; au *Cours d'agriculture* de l'abbé Rozier ; aux *Annales de chimie* ; au *Bulletin de pharmacie* ; à la *Feuille du cultivateur*, etc. On a dit que son style laissait souvent à désirer. Ceux qui se sont prononcés ainsi ont oublié très certainement la situation dans laquelle s'est écoulée son enfance et ses quarante années d'étude et d'expérience sur la chimie, la pharmacie, l'agriculture et l'économie rurale. Quoi qu'il en soit, et bien que l'éducation ait fait peu de chose pour lui, les faits qu'il a présentés sont remarquables autant par leur exactitude que par leur lucidité.

Parmentier, dont l'indépendance d'esprit était proverbiale, est mort célibataire, rue des Amandiers-Popincourt, le 12, aujourd'hui rue Parmentier, à Paris, à l'âge de soixante-seize ans, le 17 décembre 1813. En 1810, il avait perdu sa sœur, modèle des vertus chrétiennes, qui fit le bonheur de son existence, le charme de sa vie et qui habitait avec lui depuis la mort de son mari, c'est-à-dire depuis plus de quarante ans. Cette perte lui déchira le cœur et l'attrista jusqu'à sa mort. Les souffrances qu'il éprouva, suite d'une longue maladie des poumons, l'avaient rendu morose et accidentellement quelque peu frondeur. Aussi était-ce parfois avec une certaine rudesse, qui permit de l'appeler *bourru bienfaisant*, qu'il accueillait ceux qui s'adressaient à lui ; mais naturellement bon et aimant à rendre service, il reconnaissait bientôt qu'il n'avait point été bienveillant, et il s'empressait de tendre la main à ceux qu'il avait un peu rudoyés. Jusqu'à la fin de son existence, il resta profondément attaché au stoïque Bayen.

Parmentier s'éteignit dans les bras de ses deux neveux, les petits-fils de Simon Parmentier, qui firent tout ce qu'ils purent pour adoucir l'amertume de ses dernières années et le deuil qui attristait son cœur. Il fut inhumé au cimetière du Père-Lachaise ; un beau monument élevé par les soins des pharmaciens de Paris, et inauguré le 18 août 1816, indique le lieu où il repose ; il est situé dans l'allée de la Fontaine-Molière. Parmentier avait perdu sa mère, le 16 février 1776 ; elle avait soixante-dix ans, et fut inhumée à Montdidier, en présence de son mari (1), qui est décédé à Chaume, chez son fils Simon, le 26 juin 1788, à l'âge de soixante-dix-huit ans.

Parmentier avait une physionomie expressive où se révélait la bonté de son cœur. Son abord était bienveillant, sa figure sympathique et son regard souriant, ainsi que le témoigne le pastel que fit sa sœur et qu'elle donna au père de M. Triboulet, lauréat de la prime d'honneur de la Somme, dont le grand-père épousa, le 24 août 1721, Marie Pillon de la Tour qui fut la marraine de Parmentier.

Parmentier était exempt de prétention et de vanité. On l'aimait à cause de sa douce gaîté et parce qu'on était convaincu qu'il voulait le bonheur de sa patrie. Tous ses amis, savaient, en effet, que ses actes et ses désirs dans sa lutte de chaque jour, tendaient à un but unique : le bien-être du peuple ! Avec quel plaisir on l'écoutait raconter les obstacles qu'il eut à vaincre, le concours que lui donnèrent ses amis ceux dont le cœur sympathisait avec le sien, les succès qu'il obtint et qui furent ses belles récompenses ! Comme il était joyeux lorsqu'il parlait du remarquable accueil qu'on lui fit à Londres, quand il s'y rendit avec Huzard père à la fin du siècle dernier! Toujours guidé par de bons sentiments, il avait

(1) C'est après ce décès que le père de Parmentier donna à ses trois enfants la maison qu'il possédait rue de la Mercerie, à Montdidier.

adopté cette belle devise : *Persévérer pour réussir* ! Aussi a-t-il toujours espéré que la propagation de la pomme de terre comme plante alimentaire pour l'homme, lui permettrait de voir l'oisiveté et la misère faire place au travail et au bien-être. Les faits ont répondu à ses espérances.

Parmentier avait la passion du bien et un ardent amour pour les souffrances des travailleurs. En mourant, il laissa 600 francs aux pauvres de la paroisse Saint-Sépulcre, église de Montdidier où il fut baptisé. Philanthrope dans toute l'acceptation du mot, habitué dès son enfance aux privations, n'ayant jamais oublié les préceptes de morale que lui enseigna sa mère, il était l'ami sincère des malheureux, jamais le pauvre n'attendait à sa porte ; il est vrai qu'il ne connut pas les jours d'opulence, mais le peu qu'il avait de disponible, il l'utilisait pour soulager l'infortune ; aussi disait-il souvent : *L'expérience m'a démontré qu'il ne faut pas être très riche pour être souvent utile et accroître l'aisance et le bonheur des autres !* Le 5 brumaire an IX, le comité de bienfaisance disait, dans son rapport au ministre de l'intérienr, qu'il jouissait à juste titre de l'estime de tous les gens de bien. Un jour de ses voyages à Montdidier, on lui déroba une somme d'argent assez importante, qui fut remise plus tard entre les mains d'un ecclésiastique de la ville. Le prêtre qui la reçut lui écrivit pour lui demander par quel moyen il pourrait la lui faire parvenir. Parmentier lui répondit ces belles paroles : *Gardez-la, elle est à son adresse; cette somme appartient aux pauvres de votre paroisse; soyez mon aumônier*.

Dans diverses circonstances, il fit preuve d'un zèle ardent, d'une activité infatigable pour la propagation de la vaccine.

Peu d'hommes ont rendu autant de services que Parmentier à leur pays, à l'humanité. Simple dans ses goûts, doué d'une parfaite libéralité, unissant une grande franchise à une grande finesse d'esprit, il eut des amis dévoués dans toutes les classes de la Société. Peu de noms d'agronomes sont aussi populaires que le sien en France et à l'étranger. Après sa mort, on loua partout ses vertus, ses talents et les services qu'il rendit aux pauvres, aux malades et aux habitants des campagnes, et qui lui valurent le respect et l'admiration de tous. Partout, en effet, il y eut en son honneur des manifestations de reconnaissance et de vénération. Le 18 juin 1848, ses compatriotes lui élevèrent une statue en bronze non loin de la maison habitée autrefois par sa famille. Plus tard, en 1869, les pharmaciens de France voulurent que son image ornât la cour de l'Ecole supérieure de pharmacie à Paris.

Ses études, ses recherches sur les substances propres à prévenir les disettes sont ses plus beaux titres à la reconnaissance publique, car, comme il le disait il y a un siècle, l'art des subsistances semble étendre l'œuvre de la création, en ouvrant de nouvelles sources de vie et en arrachant à la nature le secret de nous nourrir lorsqu'elle nous refuse nos aliments ordinaires !

Fournir au peuple les moyens de subsister à l'abri des famines était, certes, une belle et noble tâche ! Oui, le bien général, non pas en vue de vaines théories, mais dans ce qui s'harmonise le mieux avec le bien-être et le bonheur des masses, voilà ce qui le préoccupa toujours et ce qui lui procura souvent de douces et agréables émotions !

Il m'est donc permis de dire, au nom de la Société nationale d'agriculture de France, que la pomme de terre a immortalisé le nom de Parmentier, son principal et infatigable propagateur !

CATALOGUE DES EXPOSITIONS

I. — Pommes de terre et dérivés

M. JOSEPH RIGAULT, de Groslay (Seine-et Oise).

140 LOTS

Belle de Broussels, *grande culture tardive*. Prize taker. Tardive d'Islande, *tard*. Peac blanc, *hât*. Pürple ash leaved Kidney, *hât*. Vitelotte franche. Hénault (belle de Fontenay, *très hât*. Pousse debout. Van der Wœr, *grande cult. tard*. Chandernagor, *demi hât*. Myatths prolific ash leaf, *hât*. Quimper, *tard*. Quarantaine violette, *dem. hât*. Ledoux, *dem. hât*. (*nouveauté*). Fidlers, nº 1, *bonne précoce* (12.000 *kilos à l'hect.*) Xavier. Rustique de Villejuif, *dem. hât*. Burbanks Seedling, *dem. tard*. Early Sunérise, *grande cult. hât*. Achille Lemont, *tard*. Floux d'Angleterre, *grande cult. dem. hât*. Maguet, *dem. hât*. Early blanche, *dem. hât. grande cult*. Violette de Staal, *tard*. Dormeuse, (*ne germe qu'en terre*), 12.000 *k. à l'hect*. Sutton's early Régent, *dem. hât. excellente pour féculeries*. D'Australie, *grande cult. tard*. La Vierge, *précoce, très product*. Saucisse blanche, (15.000 *kil. à l'hect.*) Schaw, (15.000 *kil. à l'hect.*) Beauty of Hébron, *hât*. Roi des Fluks, *dem. tard*. Institut de Beauvais, *grande cult. tard*. Reine de mai, *précoce*. Balle de farine, *grande cult. tard*. Jaune de Hollande, de Brie. Boulangère, (14.000 *kil. à l'hect.*) Caillou blanc, *hât*. Fidler's improved Schaw, *très précoce*. Plate de Roscoff. Rouge du Jura, *tard*. Œil violet de St-Rémy. Excellente naine. Rognon rose, *dem. tard*. Longue marbrée. Belle Augustine, *dem. hât*. Première, *dem. tard*. Merveille d'Amérique, *pour féculeries* (22.000 *kil. à l'hect*). Marjolin hâtive, *très hât*. Late rose, *hât*. Yeux bleus, *tard. de grande culture*. Comice d'Amiens, (12.000 *kil. à l'hect.*) Mille yeux, *tard*. Généreuse, (15.000 *kil. à l'hect.*) Impériale. *très hât*. Conté, (22.000 *kil. à l'hect*). Red Skinned Flour Ball, *tard. grande cult*. Internationale, *dem. hât*. Zelande, *tard*. Blanchard, *très hât*. (15.000 *kil. à l'hect*). Segonzac, *tard*. Péruvienne, *dem. tard*. Pride of America. Feuille d'ortie ou Fouilleuse, *très hât*. Reading héro, *tard*. (12.000 *kil. à l'hect.*) Reading

Russet. Incomparable de Peerles, *dem. hât.* Beauty of Helbron, *dem. hât.* Finistère, *tard.* Magnum bonum, *tard.* Violette d'Angoulème, *tard.* Mecklembourg, *tard.* (15 000 *kil. à l'hect.*) Rosée de Conflans. Du Cacique, *dem. hât.* Flocon de neige, *dem. tard.* Sutton's Early Regent, *hât.* Grampion, (15.000 *kil. à l'hect.*) Chardon. Mayeux, *grande cult. dem. tard.* Marjolin Tétard. Brownells beauty, (12.000 *kil. à l'hect.*) Ronde violette, *excellente pour ragoûts.* (15.000 *kil. à l'hect.*) Passe-rouge, *dem. tard.* Reine blanche, *grande cult. tard.* Négresse, *à chair noire.* Lorraine, (15.000 *kil. à l'hect.*) Sutton's Filblasket, *dem. précoce.* Monsieur Bresce, *demi hât.* (15.000 *kil. à l'hect.*) Ronde St Jean, *dem. hât.* Prince de Galles, *dem. tard.* Quarantaine (Marjolin de deuxième saison), *un peu tard.* Mammoth pearf, *dem. hât.* Géante des sables, *dem. hât.* Rubanée, *tard. de grande cult.* Belle de Vincennes, *demi hât.* D'Albousie (nouveauté), *tard.* (12.000 *kil. à l'hect.*) Early rose, *très hât.* (25.000 *kil. à l'hect.*) Francisca Negra, *dem. hât.* Eléphant blanc, *hât.* Richter's Imperator, *tard.* Vitelotte blanche, *tard.* Vicar of Laléan, *dem. hât.* (25.000 *kil. à l'hect.*) King Essex Challenge, *hât.* Idaho, *grande cult. tard.* Vitelotte d'Albanie, *tard.* Rouge de Belgique, *tard.* Royal ash leaved Kidney (Quarantaine anglaise) *plus productive que la marjolin.* St Patrick, *excellente qualité.*

SEMENCES

Institut de Beauvais		
Feuilles d'ortie		
Belle de Fontenay	*(germées)*	
Marjolin (Quarantaine)	id.	*très hâtive.*
id. Tétard	id.	*très productive.*
Royale Kidney	id.	
Joseph Rigault	id.	
id.	*(tubercules faits.)*	

SEMIS

2 Lots semés le 15 novembre 1885.
1 id. le 15 décembre 1885.
1 id. le 1er janvier 1886.
1 id. le 1er février 1886.
1 id. le 1er mars 1886.
6 id. le 10 avril 1886, formant par leur aménagement la phrase suivante :

1785. — HOMMAGE A PARMENTIER. — 1886.

1 Lot pommes de terre en fleurs.
1 Lot de récolte provenant de semis de 1re, 2e, 3e et 4e année.

1 Lot *Vitelotte de Groslay*, fécondation de *Vitelotte*, par la *Ronde Violette*, (non mise encore dans le commerce).
1 Lot *Souvenir de Parmentier*, fécondation de la *Tétart*, par la *Feuille d'Ortie*, très productive, demi-hâtive. (Sera mise dans le commerce, pendant l'automne 1886).
1 Lot *de Lesseps* (non mise dans le commerce).
1 Lot Joseph Rigault.

PRODUITS DIVERS

1 Lot graines de pommes de terre, en baies.
1 Lot id. id. décortiquées.
1 Tableau de fleurs de pommes de terre conservées.
1 id. bouquet id. d'après nature.
2 Flacons pulpe verte de pommes de terre.
3 id. id. sèche id.
1 id. sirop de pommes de terre cristallisé.
1 id. alcool de pommes de terre.

INSTITUT DES FRÈRES DE BEAUVAIS

175 LOTS

Jaune ronde hâtive (de 3 mois), *dem. hat. moy, cult.* Mecklembourgeoise, *maraichère dem. hât.* Caillou blanc, *maraîchère et de grande culture, dem. hat.* Early favorite. Prince de Galles. Early chio. Blanchard. Burbank's Seedling. Des Cordillières. Queen of the Wallay. Kaiser Kartofell. White rock. Violette longue (rognon violet), *maraichère tardive*. Bonne Wilhelmine, *maraichère de primeur, hative.* Model (nouvelle variété anglaise), *de grande cult. tardive.* Euréka, *moy. culture, dem. hat.* (susceptible de maladie). Belle de Vincennes. Reine blanche. Turner's union. King of flukes, *maraîchére, dem. hât.* Shaw (Chave) *productive, farineuse, excellente qualité.* Prussiana (Violette d'Auvergne), *grande cult. tard.* (susceptible de maladie). Forster's early peak blow. Trophy, *grande cult tard.* Bresée's peerless (Incomparable), *maraichère dem. hat.* Princesse, *potagère, dem. hat. excellente en friture et salade.* Farmer blush, *grande cult. tard.* Kaiser Kartofell. Zélande, *grande cult. dem. hat.* Milky white. Adirodack, *grande cult. dem. hat.* Grosse jaune, *2e hat.* Castell's advaner, *rustique, gr. product.* Blaue spate rosen. Prolific improved peack blow. Violette ronde. Kopsel's frush weis Kartoffell. Schnée rose de Richter. Filty fold de Sutton, *grande cult. dem. tard.* Achille Jancé, jaune ronde, *assez productive, farineuse, rustique.* Brune de Vichy, violette, *grande cult. dem. tard.* Patrick. Rouge d'Auvergne. Mangell wurtzell. Hooper round. Vitelotte, *potagère, tard.* Violette d'Auvergne, *grande cult. tard.* Hermann, *grande cult. tard. rustique, bonne pour féculerie.* Chardon (patraque jaune), *grande cult. tard.* Amarante. Rouge de Bohême (*dégénère rapidement*). Anderson, *grande et moy. culture, tard. rustique, bonne pour table et industrie.* Hertha, *grande cult. tard. demande terre profonde et riche.* Erfuster frühe runde (ronde hâtive), *gr. cult. hat.* Blanche de Paterson. Comté, *gr. cult. tard.* Vitelotte d'Albanie. Improved early chave. Champion. Merveille d'Amérique (rouge Canada), *gr. cult. maraich. dem. tard.* Brouwell's beauty, *gr. cult. dem. hat. grand mérite.* Matador, *grande cult. tard. bonne pour table et bestiaux.* Walker's regent. Xavier *sujette à la maladie.* Red skin flourball (boule de farine) *grande cult. tard.* Compton's surprise, *grande cult. dem. hat.* Hero de Sutton's. The Champion, *grande cult. tard.* Seguin, *product. vigoureuse.* Rouge de hollande (cornichon rouge), *supérieure pour les ragoûts.* Paterson's Victoria (*redoute l'humidité et les terres argileuses*). Rothlish improved. Pourpre impériale, *grande cult. tard.* Marceau, *maraich. et potag. tard. délicate, peu rustique.* Excellente noire. Floux d'Angleterre. Webb's surprise. Erin's. Standard. Washington. Covent garden. Early Vermont. Pousse debout, *potag. et maraich, tard.* Violette *gr. cult. dem. hat.* Schoolmaster, *gr. cul. tard.* Hortensie, *gr. et moy. cul. dem. hat.* Alkool. Saucisse blanche, *maraich. et gr. cul. tar.* Docteur Reulos. Rustique de Villejuif, *dem. hat.* Bronwell beauty. Grampion, *moy. et petit. cult. dem. tard.* Blanche longue, Rognon rose, *maraich. tard.* Pebbe blue. Prolific. Woodstock Kidney, *gr. cul. dem. hat.* Princesse Matchlées, *maraichère tard.* Lerchen Kartoffell. King of potatoes, *maraich. et gr. cul. dem. hat.* Centenial. Marjolin quarantaine *maraichère de primeur, très hat.* Quarantaine violette, *maraichère, dem. hat.* Sainte-Hélène. Sulton's red of potea. Peach blow, *gr. cul. dem. hat.* A feuille d'ortie (fouilleuse), *de primeur, ne se conserve pas.* Early hammermit. Champion Kidney. De Malte. Jaune longue de Brie, *peu productive.* Violette d'Islande. Quarantaine de la halle, *mar. dem. hat.* Extra early Vermont, *mar. hat.* Manchester. Paragon, *maraich. très hat., excellente.* Roi des flukes. Hâtive de Bourbon-Lancy. Beauty of Kent, *gr. et moy. cult. dem. hat.* Magnum bonum, *gr. cult. tard. très productive.* The Queen. *gr. cult. tard.* Golden eagle (aigle d'or), *gr. cult. tard.* Wonderful red Kidney (rognon rouge merveilleux), *potag. dem. hat.* Merveille d'Amérique, (pomme rouge d'Amérique), *gr. cult. tard.* Dalmahoy, *gr. cult. dem. hat.* Hollande de Brie. Hummel's hainer, *gr. cult. tard.* Belle Augustine. Early regent. Glocester Kidney. Mac Kidney.

Late rose, *gr. cul. et maraich. dem. hat.* Sutton's King. King of the earlies, (p. de t. de 40 dollars), *gr. cul. hat.* Villard (red fluk), *belle et bonne, mais sujette à maladie.* Royal ashleaf Kidney (rognon royal à feuille de hètre), *potag. et maraich. tr. hat.* Plate de Roscof, *potag. et maraich. tard.* Mammouth pearle. Earle hammersmith, (marteau de forgeron), *potag. hat.* Rothe fisch (poisson rouge), *gr. cult. tard.* Achille Lemon. Gelbe rose (jaune rose), *excellente pour la table et la distillerie.* Early rose, *maraich tr. hat.* White imperator. Mahattan. International Kidney, *médiocre.* Reine de mai, *maraich hat.* Truffe d'août. *maraich. dem. tard.* Eléphant. Segonzac. Marjolin Tétard, *précoce, fine et délicate.* Vicar of Laleham, Oblongue de Malabry, *gr. cult. dem. tard. sujette à maladie.* Hundredfold fluke (centuple de Sutton), *gr. cult. tard.* Richter's Imperator, *potag. et gr. cult. tard.* Joseph Rigault, De Lorraine. *gr. cult. tard.* Forster's early spack blow. Bresee's prolific (fruit à pain américain), *maraich. et gr. cult. hat.* Red Skinned flour ball. Plate de Roscoff. Prussianna. Semis de l'Institut, *gr. cult. dem. hat. excellente et de parfaite conservation.* (30,000 *kilos*) *à l'hect.*

Semis de farinosa, *grande cult. tard.*

Semis d'Early rose id. id. *se gâte très facil.*

Rosette, *a besoin d'études.*

6 pots de pommes de terre en végétation.

1 album des expériences agricoles faites par l'Institut de 1855 à 1885.

Cette Exposition, très bien agencée, était décorée de tableaux divers et de plantes ornementales. Au milieu le buste de Parmenter dominait un rocher de pommes de terre.

M. SEVIN, à Villejuif (Seine).

32 LOTS

Vosgienne, *grande cult.* Vitelotte d'Albanie. Yeux bleus. Quimper. Vitelotte blanche. Marjolin Tétart. Rubanée. Roi des fluques. Saucisse blanche. Royal Kidney. Violette. Joseph Rigault. Quarantaine violette. Rognon rose. Saucisse rouge. Internationale. Trophée. Pousse debout. Peac blanc. Anglaise. Hollande rouge. D'Australie. Hollande de Brie. Magnum bonum. Early rose. Early blanche. Belle de Vincennes. Blanchard (semis).

1 Lot (gerbe et grains) Blé de Bordeaux 36 *hect. à l'hect.*

1 id. id. Blé de Challanger id. id.

1 id. id. Blé Victoria (paille 5000 k.) id.

1 id. id. Blé blanc à paille rouge id.

M. GOBIN, chez M. Renard, à Ferrières.

10 LOTS

Chardon blanc. Chardon rouge. Quarantaine. Cornichon blanc, *tard.* Rose, *tard.* Blanc, *hat.* Pomme de terre rouge. D'Août. Rose, *hat.* A yeux roses.

MM. Barlic, à Maresmontiers. Robillard, à Royaucourt. Commelin-Longuet, à Tilloloy. Froissart, à la Neuville-Roy et Simon Gressot, à Montdidier.

Ensemble 34 lots divers.

Madame Vve MALLET, à Montdidier.

8 LOTS

Vitelotte blanche. Early rose. Yeux violets. Peau de crapaud. Noires. Saucisse rouge. Hollande (2 lots de semis 2me année).

M. H. RIGAULT, de Groslay (S.-et-O.) Hors-Concours.

53 LOTS

Quarantaine violette, *potag. très prod.* Saucisse rouge, *pot. grande cult.* Belle de Vincennes, *pot. hat.* Bourbon-Lancy, *pot. dem. hat.* Pousse debout, *pot. dem. hat.* Early rose, *pot. et grande cult. hat.* Balle de farine, *grande cult. tard.* Blanc spate rosen, *grande cult. dem. hat.* Magnum bonum, *gr. cult. tard.* Flocon de neige, *pot. et gr. cult. dem. hat.* Vosgienne, *gr. cul. tard.* De Zélande, *pot. et gr. cult. tard.* Dr Reulos, *gr. cult. tard.* Saucisse blanche, *pot. et gr. cult. tard.* Compton surpriss, *gr. cult. tard.* Modèle, *pot. et gr. cult. dem. tard.* Institut de Beauvais, *très prod.* Bresée prolific, *tard. très gr. prod.* Rose jaune, *gr. cult. tard.* Trophy, *pot. et gr. cul. dem. tard.* Idaho, *gr. cul. tard. très product.* Rubanée, *gr. cul. tard. extra product.* Manhattan, *gr. cul. tard.* Brinchworth Challengér, *gr. cul. tard. très prod.* Coquette, *pot. dem. hat.* Reine blanche, *gr. cul. tard. très prod.* Crapaudine, *pot. dem. hat.* Merveille d'Amérique, *gr. cul. tard. extra prod.* Grosse jaune ronde, *gr. cult. tard. très prod.* Violette longue, *pot. dem. tard.* Van-der-Ver, *gr. cult. tard. très prod.* Marjolin, *pot. (très préc. sous chassis).* Brune de Vichy, *pot. et gr. cult. tard.* Reine de mai, *pot. hat.* Centeniale, *gr. cult. tard.* (de longue garde). Blanchard, (œil violet) *pot. hat.*

Imperator *gr. cult. tard.* (très rustique). Hollande rouge, *pot. tard.* Improved peach blouw, *gr. cult tard. très prod.* Royal Ashleaved Kidney, *pro. très hat.* Maréchal Vaillant, *pot. tard.* Prince de Galles, *pot. hat.* (résiste le mieux à la maladie). Early de l'école de Merchiennes, *pot. hat.* Printanière, *pot. dem. hat.* Beauty of Helbron, *pot. et gr. cult. dem. hat.* Internationale Kidney, *pot. dem. hat.* Segonzac, (St-Jean) *pot. hat.* Vitelotte rouge, tard. (excellente pour ragoûts et salades). Vitelotte d'Albany, *pot. dem. tard. très prod. et très farineuse.* Hollande jaune, *pot. et gr. cult. dem. hat.* Vitelotte (mille yeux), *pot. dem. tard.* A feuille d'ortie, *pot. hat.* Violette ronde, *pot. dem. tar.* (excellente pour ragoûts) *de bonne garde.* Rognon rose (Xavier) *pot. dem. tard. de très longue conservation.*

M. l'abbé Fr. Benoît VAN CRIEKINGE,
à St-Aubin (Aisne).

Variétés exclusivement américaines.

27 LOTS

Le Tremont, *excellente production.* L'Iroquois, *dem. hat. excel.* Vermont Champion, *recomm.* Silvez-Skin (peau argentée). Beauty of North-river (La beauté de la rivière du Nord). Matchlees (la Sans-pareille). The white Elephant (l'éléphant blanc). Clarck's n° 1. Extra early Vermont. Beauty of Hebron. Mammoth pearl (la perle géante) Brownell best, *très farineuse.* Early Houschold (la ménagère hâtive), *très prod. excel.* Alpha, *de primeur excel. pour la cult. en chassis.* Blis's triomph, *très far.* Rosy morn (matin rose). St Patrick, *très rustique.* Adirondack potatoes. Extra early white peach blow, *très far.* Magnum bonum américain.. Early snow flake. Wall's orange. Rubicund, *très rust.* Pride of América (l'orgueil de l'Amérique). The America giant. White star (blanche étoile) *gr. et pet. cult.* Queen of the valley (la reine de la vallée).

MM. de Guillebon, à Vaux. E. Vespérant, à Montdidier. Ch. Louvain, à Fignières. Hospice Brulin, à Hangest-en-Santerre. Minart, à Montdidier. Mme Raymond Cavé, à Montdidier et les jardiniers-maraîchers réunis.

Ensemble, 27 lots divers.

M. POINTIN-FIÉVÉE, à Montdidier.

18 LOTS

Early rose. American beafundt. Flocon de neige. Saucisse rouge. Ronde hâtive. Princesse. Champion. Balle de farine. Magnum bonum. Œil de perdrix. Chardon. Ronde violette. Rognon rose. Van-der-wer.

1 botte blé Chiddam.
1 id. avoine jaune des Flandres.
2 id. escourgeons.

M. DUBOIS-MARCHAND, à Amiens.

23 LOTS

Reine de mai. Rose de Hollande. Magnum bonum. Quarantaine de la halle. D'Août. Rouge *dite* Saucisse. Hollande ordinaire. Jaune de Hollande. Violette. Marjolin. Quarantaine. La Noire. Paussienne. Pomme de terre prussienne. Chardon. Œil violet. Marjolin ordinaire. Marjolin feuille d'ortie. Saucisse. Early rose. Farineuse rouge de Sutton. 2 paniers de pommes de terre en végétation.

M. BOURSIER-BULLOT, à Chevrières.

20 LOTS. — Produits spéciaux pour féculeries.

Eléphant. Early rose. De Daber. Alcool. Fleur de pêcher. Rose de Lippe. Infaillible. Aurora. Rose de neige. Ritcher Imperator. Champion. De Turtenwalder. Magnum bonum. Idaho. Red Skinned. Merveille d'Amérique. Chardon. Van-der-wer. Farineuse rouge. Le Boursier.

MM. Blot, à Davenescourt. Labitte, à Aire-sur-la-Lys. Vve Graval, à Fontaine. Boitel père, à Montdidier. Tedesco, à Paris. Dumontier, à Guerbigny, et Sement, à Versailles, ensemble 46 lots pommes de terre
et 25 lots de chicorée Witloof.

M. MICHEL, à Montdidier.

1 lot de pains de seigle.
1 lot de pains de pommes de terre.

M. GALLET-GIBOU, à Paris
et le Syndicat des Féculiers de Paris.

36 LOTS

1 lot fécule en grains.	1 Fleurage de fécule.
1 Simili-gomme en morceaux.	1 Dextrine jaune sup^re^.
1 id. en boules.	1 id. blonde n° 1.
1 Fleur d'amidon.	1 Farine de pulpes.
1 Gommeline blanche extra.	1 Amidon grillé foncé.
1 id. id. grand feu	1 id. clair.
1 Fécule extra blutée.	1 Léiogomme extra.
1 Dextrine blanche extra.	1 Fécule en grains (Oise).
1 Fécule blutée (Moraillon).	1 id. (Vosges).
1 id. (Vosges).	1 id. (Paris).
1 id. sup^re^ id.	1 id. seconde.
1 id.	1 id. bas produits
2 Flacons sirop.	1 id. (Loire).
1 Sucre	1 id. (H.-P.)
4 Semoule jaune, en grains.	1 id. (Loiret).
1 Pain sucre de fécule.	1 id.

M. Paul BOISTEAUX, à Cambrai.

6 Flacons *Cameracum*, liqueur de table à base d'alcool de pommes de terre.

MM. JARRY, frères, à Angoulême.

11 Lots liqueurs : Anisette, Bitter, Cacao, Curaçao et Elixir Charentais, à base de 3/6 farineux.

M. TORCY, à Melun.

75 LOTS

Adirondack. International Kidney. Pioneer. Araduras. Jancé. Pola. Kidney rose. Beauty of Kent. Joseph Rigault. Prolifique de Bressée. Blanche longue. Kaiser Kartoffel. Pousse debout. Bountiful. Quarantaine de la Halle. Calico. Kidney rouge ancienne. Quarantaine à tête rose. Centenial. La bleue. Quarantaine violette. Champion. Lerchen Kartoffel. Queen of the Walles. Chandernagor. Magnum bonum. Radstock beauty. Chardon. Mangel Wurzel. Réading héro. Dawes Uatchlees. Marceau. Red flucke. De Norwége. Maréchal Vaillant. Reine blanche. Des Elies. Merveille d'Amérique. Rognon rose.

Eléphant blanc. Négresse. Rosace de Villiers le Bel. Farineuse rouge. New red flucke. Rouge de paterson's. Fluke. Noire des montagnes. Rouge de Strasbourg. Grampion. Oblongue à tache lilas. Rose violacée de Belgique. Hollandaise rose ancienne. Oblongue de Malabry. Rouge de Zélande. Idaho. Paterson's Victoria. Saint Patrick. Imperator. Peack Blow. Saucisse rouge. Scholmaster. Seguin. Violette de la halle. Snoow drop (Perkins). Trophy. Violette longue (Torcy). Tricolore de Belgique. Van den Veer. Violette Rampal. Vitelotte jaune. Yam. Violette oblongue. Vitelotte. Vicar of Lohebam. Violette de Strubb.

MM. DEBOVES et JACQUET à Compiègne

1 Lot Topinambours.
1 id. Asperges.

M. MINGUET, au Hamel-les-Contoire

1 Lot pommes de terre.
1 id. carton de paille.
1 id. id. de betteraves.
33 id. id. de pommes de terre.

M. TRIBOULET Camille, à Assainvillers

60 LOTS

1 Lot escourgeon, en botte.
1 id. id. en grains.
1 id. id. en herbe.
1 Lot Avoine noire de Brie (cult. en terre calc.), en botte.
1 id. id. id. en grains.
1 id. id. id. en herbe.
1 Lot Avoine grise d'hiver (culture en terre arg.) en botte
1 id. id. id. id. en grains.
1 id. id. id. id. en herbe.
1 Lot Avoine jaune des Flandres (cult. en terre arg.-calc.), en botte.
1 id. id. id. id. en grains.
1 id. id. id. id. en herbe.
1 Lot Blé Nursery (cult. en terre argileuse), en botte.
1 id. id. id. en grains.
1 id. id. id. en herbe.
1 id. Blé Roseau id. (argilo-calc.) en botte.
1 id. id. id. id. en grains.
1 id. id. id. id. en herbe.

1 Lot Blé Schirif squire heal (cult. en terre argilo-calcaire), en botte.
1 id. id. id. id. en grains.
1 id. id. id. id. en herbe.
1 id. Victoria en botte.
1 id. id. en grains.
1 id. id. en herbe.
1 id. de Bergues (cult. en terre argilo-sablonneuse). en botte.
1 id. id. id. id. en grains.
1 id. id. id. id. en herbe.
2 Lots Betteraves rose n° 2 (38 à 40.000 kilos à l'hectare).
2 id. id. id. n° 3 (50.000 kilos id.)
2 id. id. blanche n° 2 (35.000 kilos id.)
14 id. Alcool de Betteraves et de Pommes de terre.
1 Lot Pommes de terre Balle de Farine, *très productive*.
1 id. id. Blanchard à œil violet, *très hâtive*.
1 id. id. Chardon, *très productive*.
1 id. id. Early rose, *hâtive*.
1 id. id. Hollande de Brie, *très productive*.
1 id. id. Idaho, *de grande culture, hâtive*.
1 id. id. Jaune longue de Brie, *bonne qual*.
1 id. id. Magnum bonum, *très product*.
1 id. id. Saucisse, *très productive*.
1 id. id. Segonzac ou St-Jean, *hât. b. rend*.
1 id. id. des Vosges, *grande production*.
1 id. id. *en végétation*.

Divers lots de fleurs, entourant un pastel représentant Parmentier, don de la sœur de l'illustre philanthrope.

MM. VILMORIN, ANDRIEUX et Cie, quai de la Mégisserie, n° 4, à Paris.

LOTS

CÉRÉALES

AVOINES (Paille et grains)

d'hiver, noire d'hiver de Belgique, noire de Brie, noire de Coulommiers, grise de Houdan, hâtive d'Etampes, jaune de Flandre, joanette, hâtive de Sibérie, hâtive de Géorgie, de Pologne, rousse couronnée, noire de Hongrie, blanche de Hongrie, prolifique de Californie noire, prolifique de Californie blanche, nue petite, nue grosse, courte à pied de mouche.

BLÉS (Paille et grains).

à épi carré, blanc de Flandre, blanc de Mareuil, blood-red, de Bordeaux, Browick, Chiddam d'automne à épi rouge, Chiddam d'automne à épi blanc, de Crépy, de haie, Hallett's pedigree white Victoria, Hallett's pedigree rouge, hérisson sans barbes, Hickling, de Hongrie blanc, de Hongrie rouge, Hunter, Dattel, Aleph, Lamed, de Noé, Prince-Albert, red chaff Dantzick, richelle blanche de Naples. roseau, rouge de Saint Laud, rousselin, Spalding, Saumur d'automne, seigle, touzelle anone, touzelle rouge de Provence, Trump. Victoria d'automne, de Zélande, carré de Sicile, du Cap à large feuille, Chiddam de mars, de mars de Californie, de mars rouge sans barbes, de mars à épi blanc, Saumur de Mars, d'Odessa sans barbes, Talavera de Bellevue, d'automne rouge et barbu, hérisson barbu, Shiriff blanc barbu, de mars barbu ordinaire, de mars rouge barbu, précoce du Japon, Victoria de mars, d'Australie, poulard blanc lisse, de miracle, nonnette de Lausanne, pétanielle noire de Nice, pétanielle blanche, Bélotourka, dur de Médéah, de Pologne, Triménia barbu de Sicile, de Xérès, épeautre ordinaire blanc sans barbes, épeautre ordinaire blanc barbu, épeautre noir barbu, épeautre de mars (amidonnier blanc), épeautre de mars (amidonnier noir), épeautre petit (engrain), épeautre (engrain double).

MAIS (Paille et grains).

blade des Landes, blanc gros, précoce à large feuille de la Breille, Improved King-Philipp, King-Philipp blanc, jaune gros, jaune des Landes. jaune hâtif d'Auxonne, à dent de cheval, quarantain, rouge gros, sucré nain hâtif, sucré blanc à huit rangs, sucré toujours vert tardif.

ORGES (Pailles et grains).

carrée d'hiver, de printemps, à six rangs de printemps, noire à six rangs, céleste, de Guimalaye, à six rangs trifurquée, à deux rangs Chevalier, à deux rangs d'Italie, noire à deux rangs, à deux rangs éventail, à deux rangs nue ou nue grosse.

SEIGLES (Paille et grains).

commun, grand de Russie, des Alpes, multicaule, de mars ordinaire, d'été de Saxe.

BETTERAVES A SUCRE

Blanche améliorée Vilmorin. Allemande acclimatée. Blanche à collet vert Brabant. A collet rose. Rose hâtive. A collet gris. Jaune.

POMMES DE TERRE

Toutes les variétés relevées au *Catalogue méthodique et synonymique des principales variétés de Pommes de terre*, par M. Henry L. de Vilmorin, étaient représentées, et formaient environ 700 lots. — L'étendue de ce travail ne nous permettant pas de le publier, nous y renvoyons nos lecteurs.

M. CAUCHETIER-CHAPRON, botaniste à Montdidier.

64 TABLEAUX botaniques ainsi divisés

I. — Etude complète de la Parmentière en 10 tableaux ornés de plantes naturelles

Le 1er tableau comprenant :

1° La vie d'Antoine-Augustin Parmentier de Montdidier.
2° La forme qu'affectent les feuilles des 200 principales variétés de Parmentière.
3° La position que les tubercules de Parmentière occupent dans la terre.
4° L'aspect inférieur d'un tubercule de Parmentière, dite saucisse, atteint du Peronospora infestans et la couleur que prennent alors ses feuilles.
5° La description d'une parmentière Blanchard.
6° Une gravure de Parmentière dont les feuilles sont envahies par les larves du *Colorado* avec la description de l'insecte à l'état parfait.

Le 2me tableau, Description scientifique de la Parmentière comprenant :

1° L'analyse de sa fleur, de sa feuille, de sa tige, de son fruit et de ses rameaux souterrains.
2° Les différentes formes, couleurs et grosseurs de ses tubercules.
3° La liste de ses 200 principales variétés.
4° Les différents emplois de ses tubercules dans l'art culinaire et dans l'industrie.
5° La liste de tous ses dérivés.
6° La description de l'alcaloïde contenu dans ses germes.
7° Le moyen d'augmenter le rendement de ses tubercules.
8° Le moyen à employer pour préserver ses tubercules de l'atteinte du *Peronospora infestans*, champignon qui détermine la maladie connue sous le nom de pourriture.
9° La description du sel essentiel à sa nourriture.
10° Les principaux moyens et instruments pour la cultiver.
11° L'analyse chimique d'un tubercule de Parmentière, dite Merveille d'Amérique.

Le 3me tableau, Description historique de la Parmentière comprenant :

1° La désignation de la partie du nouveau continent où elle croit naturellement.
2° La date des différentes époques de son introduction dans les diverses contrées de l'Europe.
3° L'énumération de tous les moyens et de la ruse em-

ployés par A.-A. Parmentier pour la faire admettre en France comme substance alimentaire.

Le 4me tableau, Principales formes des tubercules de la Parmentière, représentant les 12 principales formes qu'affectent les tubercules de la Parmentière.

Le 5me tableau, Propriétés médicinales de la Parmentière indiquant, comme le dit le titre, toutes les propriétés que possèdent les feuilles, les fruits, les tubercules, verdis par l'action de la lumière ainsi que celles de sa fécule.

Le 6me tableau, Des feuilles, des tiges et racines de Parmentière, considérées comme fumier, indiquant les moyens de les convertir en engrais et la quantité qu'un hectare peut en produire.

Le 7me tableau comprenant : une appréciation au sujet de toutes les variétés produites jusqu'à ce jour.

Le 8me tableau synoptique des 6 principales variétés de Parmentières pour grande culture, indiquant leur richesse moyenne en fécule, leur rendement moyen à l'hectare, la couleur de leurs fleurs, l'époque de la maturité et la classification d'après H. Vilmorin.

Le 9me tableau, Science et Philanthropie donnant la liste complète des ouvrages de Parmentier, ainsi que le recueil de ses principaux traits de patriotisme, de désintéressement, de fraternité et de dévouement, d'abnégation de générosité et de son attention pour le pauvre.

Le 10me tableau est un appel à la France ainsi conçu : La France entière, pour perpétuer la mémoire de celui qui l'a si bien mérité, devrait toujours désigner la pomme de terre sous le nom de la Parmentière, ce serait un monument impérissable qui ne lui coûterait autre chose que de se souvenir.

II. — 50 tableaux de feuilles, de fleurs, de tiges et de racines, pour faciliter l'étude de la Botanique.

III. — Herbier des environs de Montdidier. Au bas de chaque plante les propriétés sont indiquées.

IV. — Un tableau pour l'étude du Maïs.

V. — Un tableau pour l'étude de la Chataigne.

VI. — Un tableau pour l'étude du Topinambour.

II. -- INTRUMENTS ET ENGINS

1° *Instruments spéciaux à la culture et à la tranformation industrielle de la Pomme de terre*

MM.	
WAREIN-PRÉVOST, à Lille.	Appareils complets pour la distillation de la pomme de terre.
L. TEDESCO, à Paris.	Planteur Unterlip.
JOLY fils, à Ferrières.	Butteuses de pommes de terre.
JAPY, à Beaucourt (Haut-Rhin).	Houe, Butteuse et Arracheuse de pommes de terre.
VENDÔME fils, à Lachelle (Oise).	Charrue planteuse de pommes de terre.
EVELOY, à Armancourt (Oise).	Houes et Butteuses de pommes de terre.
BATTON, à St-Just-en Chaussée.	Houes et Butteuses.
HENRY et fils, à Dury	Butteuses.
VÉCHARD LÉDÉ, à Amiens.	Bèches, Binettes, Sarcloirs, etc.
Ch. LEFÈVRE, au Ployron.	Bineuses, Butteuses et Arracheuses de pommes de terre.

2° *Instruments agricoles divers*

MM.	
DE SAINT-WAAST, à Esmery-Hallon.	1 Houe à cheval à 3 rangs, 13 Brabants divers doubles.
LEFEBVRE, à Vendhuile.	2 Chariots, 3 Semoirs, 1 Croskill, 4 Herses, 1 Rouleau plat en fonte, 2 Bineurs à betteraves, 1 Fouilleuse, 1 Déchaumeur, 1 Extirpateur.
DEVRAIGNE, à Amiens.	1 Moissonneuse-lieuse, 1 Moissonneuse ordinaire, 1 Faucheuse, 1 Semoir à volée, 1 Rateau à cheval, 1 Moulin universel, Coupes-racines, Applatisseurs, Concasseurs à tourteaux, 2 Hache-paille, 1 Baratte, 1 Herse articulée.
CAILLOT, à Montdidier.	2 Moissonneuses, 2 Semoirs à la volée, 1 Hache-paille, 1 Meule à scies.

CABOCHE-OPRON, de Beaucourt.	3 Herses articulées, 1 Rouleau en fonte.
Ch. LEFEBVRE, au Ployron.	5 Herses en fer, 2 Herses norwégiennes, 1 Butteuse-Bineuse, 1 Défonceuse, 7 Houes à cheval à 3 rangs, 1 Houe à cheval à 1 rang, 1 demi Défonceuse, 12 Brabants doubles, 1 Brabant double bisocs, 2 Rateau, à cheval, 2 Herses couleuvre, 1 Rouleau pour pelouses, 1 Herse articulée simplex, 1 Herse à chaînons, 3 Arracheuses à betteraves, 1 Fouilleuse simple, 1 Extirpateur, 2 Scarificateurs, 2 Herses sur bâtis d'Extirpateur, 2 Tricycles, 1 Faucheuse, 1 Moissonneuse-lieuse, 1 Meule à scies, 2 Tonneaux à purin, 2 Pompes à purin. 1 Pompe de jardin, 1 Pompe à chaîne, 3 Pompes à cuvette, 5 Crics, 3 Bacs, Seaux et Barboteurs en tôle galvanisée, 4 Coupe-racines, 2 Hache-viande, 2 Pressoirs à cidre, 1 Broyeur de pommes, 2 Laveurs à betteraves, 4 Concasseurs, 3 Semoirs à bras.
JOLY fils, à Ferrières.	12 Tarares de divers systèmes, 3 Trieurs à alvéoles, 4 Barattes, 1 Crible à menue paille, 2 Hache-paille, 1 Coupe-racines, 1 Concasseur à tourteaux, 2 Concasseurs à grains, 1 Moulin à pommes, 1 Pressoir, 1 Houe à cheval.
VANIAMBOURG, à Montdidier.	2 Concasseurs à grains.
HERMANN Emile, à Hangest-en-Santerre.	1 Frein-maîtriseur.
MARCHAND-RENOUARD, à Amiens.	3 Tarares, 2 Herses articulées, 1 Charrue-Wasse, 5 Brabants doubles, 2 Extirpateurs, 2 Scarificateurs.
LEVASSEUR, à Saint-Just-en-Chaussée.	3 Pressoirs, 2 Casse-pommes, 2 Herses couleuvre.
MADUREL, à Malpart.	2 Brabants doubles, 4 Scarificateurs, 4 Extirpateurs.

HENRY et FILS, à Dury.	1 Herse triangulaire à double effet, 1 Herse articulée à 48 dents, 1 Arracheuse à betteraves, 1 Houe à cheval à 1 rang, 1 Houe à cheval à 3 rangs, 1 Déchaumeur, 2 Extirpateurs, 1 Scarificateur, 3 Brabants doubles, 1 Brabant avec griffes fouilleuses.
POLY frères, à Ferrières.	4 Tarares de divers modèles, 1 Crible à menue paille, 3 Coupe-racines, 1 Brouette à eau.
Le Cte de BEAUREPAIRE, à Givesnes	1 Laveur à Betteraves.
DELACROIX, à Royaucourt.	1 Houe à cheval à 1 rang, 1 Houe à cheval à 3 rangs, 4 Brabants doubles, 3 Extirpateurs, 1 Herse triangulaire.
BAZIN fils, à Ferrières.	1 Hache-paille, 2 Coupe-racines, 1 Concasseur, 1 Aplatisseur.
PILLON Eugène, à Ferrières.	10 Tarares de différentes forces, 2 Cribles à menue paille, 3 Coupe-racines.
PARADIS, à Hautmont.	1 Rouleau cannelé à 3 disques.
DEPERSIN, à Glisy.	1 Machine à battre, système Bertin, 1 Dépulpeur, 1 Meule à scier.
MAHOT, à Ham.	2 Semoirs à la volée, 1 Semoir à engrais, 1 Bineuse avec appareil à engrais, 1 Concasseur à grains, 1 Brise-tourteaux, 2 Tarares, 1 Pétrin mécanique.
BLIN-BECQUERELLE, à St-Sauflieu.	1 Tonneau à purin avec pompe.
PILLOT-DEVILLERS, à Bouchoir.	3 Machines à battre, 1 Manège fixe à 1 cheval, 1 Manège mobile à 2 chevaux, 2 Locomobiles, 1 Chariot agricole, 1 Hache-paille, 1 Concasseur à grains, 1 Coupe-racines, 1 Tarare ensacheur-peseur, 1 Laveur à sec, 1 Crible à menue paille, 1 Cylindre à paille et à grains.
RITTER, à Paris.	1 Pompe pulsomètre, 1 Moulin à pompe.
JACQUET-ROBILLARD à Arras.	Semoirs de tous genres.
LÉPINOIS, à Montdidier.	1 Lot ronces artificielles.
LALIS, à Liancourt.	Tonneaux à purin.

Palmarès

CONCOURS SPÉCIAL DE POMMES DE TERRE
ET AUTRES PRODUITS AMYLACÉS POUVANT ÊTRE CONVERTIS EN ALCOOL

1re Division. — *Pommes de terre et autres amylacés.*

Concours d'honneur

Prix. — MM. Vilmorin-Andrieux, à Paris. Un Objet d'art offert par la Société des Agriculteurs de France.

Diplôme d'Honneur, *hors concours*. — L'Institut des Frères, de Beauvais.

1re Classe

1er Prix. — M. J. Rigault, à Groslay, Médaille de vermeil grand module, offerte par la Société des Agriculteurs de France.

2e Prix. — M. Pointin-Fiévé, à Montdidier, Médaille d'argent grand module, offerte par la Société d'Horticulture de Picardie.

3e Prix. — M. Commelin-Longuet, à Tilloloy, Médaille de bronze grand module, offerte par la Société des Agriculteurs de France.

2e Classe

Prix. — M. Boursier-Bulot, à Chevrières, Médaille de vermeil grand module, offerte par la Société d'Horticulture de Picardie.

3e Classe

Prix. — M. Torcy-Vannier, à Melun, Médaille de vermeil, offerte par la Société centrale d'Horticulture de Rouen.

4e Classe

1er Prix. — M. Sevin, à Villejuif, Médaille de vermeil, offerte par la Société d'Horticulture de Nancy.

2e Prix. — M. l'abbé Benoit Van-Criekinge, curé de St-Aubin (Aisne), Médaille de vermeil, offerte par la Société d'Horticulture de Cholet.

3e Prix. — M. Dubois-Marchand, à Amiens, Médaille d'argent, offerte par la Société d'Horticulture d'Etampes.

4e Prix. — Exposition collective des Jardiniers de Montdidier, Médaille d'argent, offerte par la Société d'Horticulture de Mirecourt.

5e Prix. — Mme Mallet, à Montdidier, Médaille d'argent, offerte par la Société d'Agriculture et d'Horticulture de Belfort.

6e Prix. — M. Boitel, à Montdidier, Médaille de bronze grand module offerte par le Cercle horticole du Nord, à Lille.

7e Prix. — Mme Raymond Cavé, à Montdidier, Médaille de bronze, offerte par la Société de Viticulture et d'Horticulture de Tarare.

8e Prix. — M. Robillard, à Royaucourt.
9e Prix. — M. Simon Gressot, à Montdidier.
10e Prix. — M. Gobin, à Ferrières.
} Médailles de bronze.

5e Classe.

1er Prix. — M. Joseph Rigault, à Groslay, Médaille d'argent, offerte par la Société Nantaise d'Horticulture, à Nantes.

2e Prix. — M. Dubois-Marchand, à Amiens, Médaille de bronze, offerte par le Comice agricole d'Albi.

Hors Concours

L'Institut Agricole des Frères, de Beauvais.
M. Hyacinthe Rigault, à Groslay.
Médailles d'argent, grand module et Diplômes d'honneur.

M. d'Orliac, représentant de la Maison Vilmorin-Andrieux, à Paris, Médaille de bronze, grand module de la Société des Agriculteurs de France.

Prix supplémentaires

M. Cauchetier-Chapron, à Montdidier, Médaille de vermeil grand module, offerte par la Société d'Horticulture de Clermont (Oise).

M. Sement, à La Chesnay-Versailles, Médaille de vermeil, offerte par le Cercle Horticole du Nord, à Lille.

M. l'abbé Van-Criekinge, à St-Aubin.
M. Patte, Instituteur à Elincourt Ste-Marguerite,
Médailles d'argent, offertes par la Société d'Agriculture et d'Horticulture de Belfort.

M. Joseph Bonjean, ancien pharmacien à Chambery.
M. J. Balny, Instituteur au Vauroux (Oise),
Médailles de bronze.

M. Leplay, chimiste à Paris.
M. Le Riche, à La Motte en-Santerre.
M. L. Buton, à Orgemont.
Mme Heudhuin, née Zaïre Quillart, à Arvillers.
Mentions très honorables.

2e Division. — *Produits et dérivés de la Pomme de terre et autres amylacés*

Concours d'honneur

1er Prix. — M. Triboulet, Camille, à Assainvillers. Un Objet d'art, offert par la Société des Agriculteurs de France.

2e Prix. — MM. Gallet Gibon et Cie, à Paris, Médaille de vermeil, grand module, offerte par la Société des Agriculteurs de France.

1re Classe

1er Prix. — M Fouquier, à Paris, Médaille d'argent grand module, offerte par la Société des Agriculteurs de France.

2e Prix. — M. Boursier, à Chevrières, Médaille d'argent offerte par la Société des Agriculteurs de France.

3e Prix. — M. Joseph Rigault, à Groslay, Médaille de bronze, offerte par la Société des Agriculteurs de France.

2e Classe

Prix réservés

3e Classe

1er Prix. — M. Paul Boisteau, à Cambrai, Médaille d'argent offerte par la Société industrielle d'Amiens.

2e Prix. — MM. Jarry frères, à Angoulème, Médaille de bronze, offerte par la Société industrielle d'Amiens.

4e Classe

1er Prix. — M. Minguet, au Hamel-lez-Contoire, Médaille d'argent, offerte par la Société Industrielle d'Amiens.

2e Prix. — M. MINGUET, susnommé, Médaille de bronze, offerte par la Société des Agriculteurs de France

3e Prix. — M. MICHEL, à Montdidier, Médaille de bronze, offerte par la Société Industrielle d'Amiens.

Hors Concours

M. JACQUET, à Compiègne, Mention très honorable.

3e DIVISION. — *Instruments et Engins servant à la culture ou à la transformation industrielle de la Pomme de terre et autres amylacés*

Concours d'honneur

Prix. — M. WAREIN-PRÉVOST, à Lille, un Objet d'art, offert par la Société des Agriculteurs de France.

1re Classe

Prix réservés

2e Classe

1er Prix. — M. VENDOME fils, à Lachelle, Médaille de vermeil, offerte par la Société Industrielle d'Amiens.

2e Prix. — M. EVELOY, à Armancourt.
M. JAPPY, à Beaucourt, (Haut-Rhin).
Médailles d'argent offertes par la Société Industrielle d'Amiens.

3e Prix. — M. BATTON, à St-Just-en-Chaussée, Médaille d'argent, offerte par le Comice agricole de St-Quentin.

4e Prix. — M. L. TEDESCO, à Paris, Médaille de bronze, offerte par la Société des Agriculteurs de France.

M. VÉCHARD-LEDÉ, à Amiens, Médaille de bronze offerte par la Société Industrielle d'Amiens.

3e Classe

Prix réservés

Hors Concours

M. SCHUPP, Ingénieur-Constr à Amiens, Médaille de vermeil offerte par la Société des Agriculteurs de France.

M. Laborde, Ingénieur à Montdidier.

M. Cauvin, à Boves.

Médailles de vermeil. offertes par la Société Industrielle d'Amiens.

M. Renard, à Ferrières, Médaille d'argent, offerte par le Préfet de la Somme.

MM. Gosset et Jourland, à Montdidier, Médaille d'argent, offerte par la Société d'Agriculture du Tarn.

M. Cauvin, à Boves, Médaille d'argent, offerte par le Préfet de la Somme.

M. Defrance, Ingénieur à Lille, Médaille de bronze, g. m. offerte par la Société des Agriculteurs de France.

M. Cochepin-Joron, à Etelfay, Médaille de bronze, offerte par la Société Industrielle d'Amiens.

CONCOURS SPÉCIAL DE CHEVAUX

Concours d'honneur

1er Prix. — M. Despréaux, à Abbémont, Médaille de vermeil, offerte par M. de Gillès, Président du Comice agricole d'Amiens.

2e Prix. — M. Angelin, à Grivillers, Médaille d'argent, offerte par M. Blin de Bourdon, député de la Somme.

3e Prix. — M. Prieur, à Sauvillers-Mongival, Médaille de bronze g. m. offerte par la Société des Agriculteurs de France.

1re Division

1er Prix. — M. Haingelin, à Crévecœur le-Petit, Médaille d'argent, offerte par M. Briet de Rainvillers, député de la Somme.

2e Prix. — M. Dufeu, à Roiglise, Médaille de Bronze.

2e Division

Prix. — MM. Lefèvre et Rappe, à Saint-Just-en-Chaussée, Médaille d'argent, offerte par M. Deberly, député de la Somme.

Prix supplémentaires

M. Lefebvre, à Fescamps.

M. Labitte, à Mézières.

Médailles d'argents, offertes par MM. Descaure et d'Estourmel, députés de la Somme.

M. COUVERCHELLE, à Crévecœur-le-Petit.
M. le Marquis DE RUNE, à Warsy.
Médailles de bronze.

3e Division

Prix. — M. BOITEL, à Belle-Assise, Médaille d'argent, offerte par M. l'amiral Dompierre d'Hornoy, député de la Somme.

4e Division

Prix. — M. BOITEL père, à Montdidier, Médaille de bronze.

Concours du Comice

PRIX DE MORALITÉ

Un prix par canton : Médaille d'argent et 50 fr.

M. Boulanger Eugène, charretier chez M. Griffoin, à Jumel, canton d'Ailly-sur-Noye.

M. Masset Louis, chef de labours chez M. Triboulet, à Assainvillers, canton de Montdidier.

M. Bricot Auguste, domestique chez M. G. Serpette, à Ignaucourt, canton de Moreuil.

M. Angelin Léopold, domestique chez M. Guibon, au Quesnoy, canton de Rosières.

M. Desjardins Pierre, valet de charrue chez M. Pluchet à Roye, canton de Roye.

Prix supplémentaire : Médaille d'argent.

M. Boilet Hilaire, berger depuis 19 ans chez M. Triboulet, à Assainvillers.

ENSEIGNEMENT

1° — *Aux Instituteurs.*

Hors-Concours M. Serpette, à Etelfay.

Prix d'honneur : MM. G. Corbeau, à Hangest; Leblond, à Rosières ; Vicart, à Moreuil.

Rappel de prix d'arrondissement : M. Baillon, à Rollot.

Prix d'arrondissement : MM. Chocquet, à Guillaucourt ; Dutilloy, à Beuvraignes ; Fordinois, à Sourdon.

Médailles de vermeil offertes par les Sociétés d'Agriculture des Bouches du-Rhône, de Rochefort et de Pontoise.

Prix par Canton

Canton d'Ailly-sur-Noye

Rappel de prix : MM. Bisson, à Jumel; Darras, à Flers-sur-Noye.

Mention très honorable : MM. Fournier, à Ainval ; Feron, à Folleville.

Mention honorable : M. Gerard, à Grivesnes.

Canton de Montdidier

Rappel de prix : MM. Legrand, à Laboissière; Henry, à Ayencourt.

Prix : M. Martinval, à Bus.

Mention très honorable : MM. Villemant, à Montdidier; Diette, à Cantigny ; Morel, à Marestmontiers.

Mention honorable : MM. Delaporte, à Fontaine; Gossuin, à Gratibus.

Canton de Moreuil

Prix : MM. François, à Berteaucourt ; Dhérissart, à Wiencourt.

Mention très honorable : M. Dauteuil, à Mézières.

Canton de Rosières

Rappel de prix : M. Dupuis, à Chilly.

Prix : M. Fatoux, à Méharicourt.

Canton de Roye

Rappel de prix : M. Dinouard, à Marché-Allouarde.

Prix : MM. Fafet, à Verpillières ; Gorin, à Liancourt-Fosse ; le Frère Bonosis, à Roye.

Mention très honorable : MM. Labergrit, à Villers-lès-Roye ; Delaporte, à Tilloloy ; Debray, à Roiglise ; Varlet, à Balâtre ; Fayez, à Carrépuits.

Mention honorable : M. Duchaussoy, à Curchy.

2° — *Aux Elèves.* — (*Ecoles de garçons.*)

Berteaucourt	8 Prix.		
Beuvraignes	20 —	1 hors-concours.	
Flers sur-Noye	2 —		
Grivesnes	8 —		
Guillaucourt	2 —		
Hangest	5 —		
Liancourt-Fosse	10 —		
Méharicourt	13 —		
Mézières	16 —		
Montdidier	18 —		
Moreuil	20 —		
Rollot	10 —	1 hors-concours.	2 diplômes.
Rosières	29 —	1 ——	
Roye	22 —		
Tilloloy	8 —		
Villers-lès Roye	1 —		

Ecoles mixtes

Ainval	2 Prix.
Ayencourt	3 —

Balâtre	3 Prix.	1 diplôme.
Bus	6 —	
Cantigny	1 —	
Carrépuits	10 —	
Chilly		1 hors concours.
Curchy	2 —	
Etelfay	9 —	
Folleville	4 —	
Fontaine	4 —	
Gratibus	1 —	
Jumel	3 —	
Laboissière	9 —	
Marché-Allouarde	5 —	
Marestmontiers	5 —	1 diplôme.
Roiglise	6 —	
Sourdon	13 —	3 diplômes.
Verpillères	8 —	
Wiencourt-l'Equipée	2 —	1 diplôme. 1 hors-concours.

3° — *Aux Institutrices*

Hors-Concours : Sœur Angèle de Jésus, à Rosières.

Prix d'honneur : Sœur Ste Aurélie, à Démuin.

Rappel de prix d'arrondissement : Mlle Falize, à Rosières ; Mme Pomart, à Beuvraignes.

Prix d'arrondissement : Mme Vve Wallet, à Rollot.

Médaille de vermeil offerte par la Société d'agriculture et d'horticulture de Belfort.

Prix par Canton

Canton d'Ailly-sur-Noye

Rappel de prix : Sœur Lecat, à Flers-sur-Noye.

Canton de Montdidier

Mention honorable : Mlle Cottenet, à Montdidier.

Canton de Moreuil

Rappel de prix : Mlle Céline Bulté, à Domart-sur-la-Luce.

Prix : Sœur Gambart, à Hangest-en-Santerre.

Mention très honorable : Mlles Maison, à Berteaucourt ; Ouvray, à Plessier-Rozainvillers ; J. Boye, à Thennes.

Canton de Roye

Rappel de prix : Sœur Dumatray, à Roye.

Prix : Sœur Berthe, à Villers-lès-Roye.

Mention très honorable : Sœur Mouret, à Fresnoy-lès-Roye.

4° — *Aux Elèves.* — (*Ecoles de Filles.*)

Berteaucourt	5 Prix.	
Beuvraignes	19 —	1 diplôme.
Démuin	10 —	1 —
Domart-sur-la-Luce	8 —	
Flers-sur-Noye	3 —	1 —
Fresnoy-lès-Roye	14 —	
Hangest	11 —	1 —
Montdidier		
Plessier-Rozainvillers	5 —	2 —
Quesnel	2 —	
Rollot	20 —	1 —
Rosières (Ecole com[le])	22 —	
— (P[at] St-Omer)	16 —	3 — 1 hors-concours.
Roye	24 —	1 —
Thennes	7 —	1 —
Villers-lès-Roye	3 —	

EXPLOITATIONS AGRICOLES

Grande exploitation : M. Boitel, à Belle-Assise.
Petite exploitation : M. Lucas, à Etelfay.

FUMIERS

Prix : M. Reusse Augustin, à Louvrechy.

INSTRUMENTS ARATOIRES

1re Section

Hors Concours

M. Bajac à Liancourt, Médaille de vermeil grand module offerte par la Société des Agriculteurs de France.

1er Prix. — MM. Henry et fils à Dury, Médaille de vermeil offerte par le Comice de St-Quentin et 50 fr.

2e Prix. — M. Lefebvre à Vendhuile, Médaille d'argent et 50 fr.

3e Prix. — M. Madurel à Malpart, Médaille de bronze et 30 fr.

Prix supplémentaires

M. Pilter à Paris, représenté par M. Lefebvre du Ployron, Médaille d'argent grand module offerte par la Société d'Agriculture et d'Horticulture de Belfort.

M. Delacroix à Royaucourt, Médaille d'argent offerte par M. Goblet, député de la Somme.

M. Lépinois-Vachette à Montdidier, Médaille d'argent.

2me Section

1er Prix. — M. Mahot à Ham, Médaille de vermeil offerte par la Société d'Agriculture du Tarn et 50 fr.

2e Prix. — M. Marchand-Renouard à Amiens, Médaille d'argent et 40 fr.

3e Prix. – M. Caboche Opron à Beaucourt, Médaille de bronze et 30 fr.

Prix supplémentaires

M. Lalis à Liancourt, Médaille d'argent offerte par M. Jametel, député de la Somme.

M. Emile Hermann à Hangest-en-Santerre, Médaille de bronze grand module offerte par la Société des Agriculteurs de France.

3me Section

Hors Concours

M. Pillot-Devillers à Bouchoir. Rappel de 1er prix et Médaille d'argent grand module offerte par la Société des Agriculteurs de France.

1er Prix. — M. Lefebvre au Ployron, Médaille de vermeil offerte par le Comice d'Albi et 40 fr.

2e Prix. -- M. Joly fils à Ferrières, Médaille d'argent et 35 fr.

3e Prix. — M. Eug. Pillon à Ferrières, Médaille de bronze et 30 fr.

Prix supplémentaires

M. Devraignes à Amiens, Médaille de vermeil offerte par la Societé Industrielle d'Amiens.

M. Bazin à Ferrières, Médaille de vermeil offerte par la Société d'Agriculture et d'Horticulture de Boulogne-sur-Mer.

M. Vaniambourg à Montdidier, Médaille d'argent grand module offerte par la Société des Agriculteurs de France.

M. Depersin-Dufour à Glisy.

M. Ritter à Paris.

M. Cailliot à Montdidier.

Médailles d'argent.

M. Levasseur à St-Just-en-Chaussée, Médaille de bronze grand module offerte par la Société des Agriculteurs de France.

M. Poly à Ferrières, Médaille de bronze.

ESPÈCE BOVINE

Concours d'honneur

1er Prix. — M. Ach. Debailly à Mézières, Médaille de vermeil grand module offerte par la Société des Agriculteurs de France.

2e Prix. — M. Lavoine à Campvermont, Médaille d'argent grand module offerte par la Société des Agriculteurs de France.

3e Prix. — M. Graval à Fontaine, Médaille de bronze grand module offerte par la Société des Agriculteurs de France.

1re Division

1er Prix. — M. Lavoine à Campvermont, Médaille de vermeil offerte par le Comice de Poligny.

2e Prix. — M. de Garsignies à Beaufort, Médaille d'argent.

3e Prix. — M. Pointin à Montdidier, Médaille de bronze.

2me Division

1er Prix. — M. Lavoine à Campvermont, Médaille de vermeil offerte par la Société d'Agriculture de Beauvais.

2e Prix. — M. Lefebvre à Fescamps, Médaille d'argent.

3e Prix. — M. Leroy Édouard à Méharicourt.

4e Prix. — M. Gobin Adolphe à Montdider.

Médailles de bronze.

3me Division

1er Prix. — M. Lavoine à Campvermont, Médaille de vermeil offerte par la Société d'Agriculture de la Loire, à St-Etienne.

2e Prix. — M. Ferdinois à Montdidier, Médaille d'argent.

ESPÈCES OVINE ET PORCINE

Hors Concours

M. Triboulet à Assainvillers, Médaille de vermeil grand module offerte par la Société des Agriculteurs de France.

M. Dumont à Crémery, Médaille d'argent grand module offerte par la Société des Agriculteurs de France.

M. Angelin à Grivillers.

M. Houbron au Chaussoy-Epagny.

Médailles de bronze grand module offertes par la Société des Agriculteurs de France.

1re Section

Prix. — M. Leroy-Blériot à Méharicourt, Médaille d'argent et 40 fr.

2me Section

Prix. — M. Poulin à Cressy-Omencourt, Médaille d'argent et 40 fr.

M. Mortier-Trouzé à Welles, (prix supplémentaire), Médaille d'argent.

M. Portemont à Cantigny, mention très honorable.

3me Section

Prix. — M. Maquaire à Orvillers-Sorel, Médaille de bronze et 30 fr.

M. Persin à Gratibus, (prix supplémentaire) Médaille d'argent.

M. Rougéré à Rosières, mention très honorable.

4me Section

1er Prix. — M. Lavoine à Campvermont, Médaille d'argent et 40 fr.

2e Prix. — M. Cordier à Chirmont, Médaille de bronze et 30 fr.

5me Section

1er Prix. — M. Boitel de Belle Assise, Médaille d'argent et 40 fr.

2e Prix. — M. Descamps à Piennes, Médaille de bronze et 30 fr.

Section supplémentaire.

Race anglaise pure

1er Prix. — M. Dumont à Crémery.

2e Prix. — M. Lefebvre à Fescamps.

Médailles d'argent.

RACE PORCINE

1re et 2me Sections

Prix. — M. C. Triboulet à Assainvillers, Médaille de bronze et 25 fr. par prix.

BASSE-COUR

1er Prix. — M. Croizet à Amiens, Médaille d'argent et 20 fr.

2e Prix. — M. H. Renon à Montdidier, Médaille de bronze et 15 fr.

3e Prix. — M. ALLÉAUME-DAMBREVILLE à Montdidier.
4e Prix. — M. C. TRIBOULET à Assainvillers.
Médaille de bronze et 10 fr. par prix.

CONCOURS SPÉCIAL DE CHIENS

1er Groupe. — CHIENS DE BERGER

1er Prix. — M. MAILLARD à Boves, pour *Dick*, écossais tricolore.
2e Prix. — M. TRIBOULET à Assainvillers, pour *Joli*, gris bleu.
Médailles d'argent et 5 fr. par prix.
3e Prix. — M. TRIBOULET sus-nommé, pour *Marmotte*, gris bleu.
4e Prix. — M. PERSIN à Montdidier, pour *La Brie*, courtaud gris à longs poils.
Médailles de bronze et 5 fr. par prix.

2e Groupe. — Chiens courants en meutes.

1° *Meutes de 20 chiens au minimum*

Prix d'honneur

M. René de Becquincourt à Billancourt, pour sa meute de 32 bâtards anglo-français, trois quarts, Médaille de vermeil grand module offerte par la Société d'Agriculture et d'Horticulture de Belfort.

2° *Petits équipages*

Prix ex-æquo. M. Labitte au Mesnil St Georges, pour ses 6 bassets tricolores à jambes torses.

M. le baron de Segonzac à Orvillers-Sorel, pour ses 5 briquets gascons.

Médailles d'argent grand module.

3e Groupe. — Chiens courants exposés seuls.

1° *Briquets et Harriers.*

1er Prix. — M. le Baron de Segonzac susnommé, pour *Lucrèce*, briquet gascon.

Médaille d'argent.

2° *Bassets et Beagles*

1er Prix. — M. Labitte susnommé, pour *Ramette*, basset tricolore, à jambes torses. Médaille d'argent.

2e Prix ex-æquo. M. Drains à Cantigny, pour *Fanfare* et *Monarque*, bassets tricolores.

M. Radenez à Montdidier, pour *Miro*, basset blanc légèrement tâcheté.

Médailles de bronze.

3° *Bassets-Griffons*

2e Prix. — M. le Comte de Fransures à Villers-Tournelle, pour *Mirabeau*, basset griffon tricolore, Médaille de bronze.

4e Groupe. — Chiens d'arrêt français

1° *Braques St-Germain*

1er Prix. — M. Douchet à Montdidier pour *Top*, blanc orange, Médaille d'argent.

2e Prix. — M. Mangot Emile à Montdidier, pour *Jupiter*, blanc orange, Médaille de bronze.

Mention honorable. M. Langlet à St-Sulpice, pour *Diane*, blanc et orange.

2° *Braques divers autres que St-Germain*

1er Prix. — M. Croizet à Amiens, pour *Diane*, blanc et noir, Médaille d'argent.

2e Prix. — M. DUCASTEL à Ansauvillers, pour *Tom*, marron, Médaille de bronze.

Mention honorable. M. ROUILLARD à Bouchoir, pour *Tom*, noir et feu.

Mention d'élevage. M. LECUL à Montdidier, pour *Brack* et *Miss*, blanc et marron, de 5 mois.

3° Epagneuls

1er Prix. — M. CROIZET à Amiens, pour *Toto*, gris marron, Médaille d'argent.

2e Prix ex-æquo. M. HOUTIN à Montdidier, pour *Diane*, blanc et orange.

M. BETTE à Chaulnes, pour *Mascotte*, blanc et orange. Médaille de bronze.

Mention honorable. M. BOITEL à Belle-Assise, pour *Pan*, blanc et noir.

4° Griffons d'arrêt

1er Prix ex-æquo. M. TRIBOULET, à Assainvillers, pour *Dick* marron gris et *Monod* gris et marron, Médailles d'argent.

2e Prix. — M. MAGNIER à Balâtre, pour *Médor*, blanc marron à poils durs, Médaille de bronze.

5e Groupe. — CHIENS D'ARRÊT anglais.

1° *Pointers.*

1er Prix. — M. le baron DE SEGONZAC à Orvillers-Sorel, pour *Top*, noir et feu, par Lord Rukingham et une fille de Greth, Médaille d'argent.

2e Prix. — M. LABITTE au Mesnil-St Georges, pour *Dick*, blanc et marron.

3e Prix. — M. LABITTE susnommé, pour *Laure*, noire et feu.

Médailles de bronze.

Mention honorable. M. PÉRIN Octave, pour *Philos*, noir et feu.

2° *Gordon Setter's*

1er Prix. — M. GILQUIN à Compiègne, pour *Miss*, noir et feu, Médaille d'argent.

2e Prix. — M. MACHE-MOREL à Sauvillers-Mongival, pour *Monarque*, noir et feu, Médaille de bronze.

Mention honorable, M. TASSART à Compiègne pour *Diane*, noir et feu.

3° *Irish Setter's*

1er Prix. — Réservé.

2e Prix. — M. G. PROUVOST à Amiens, pour *John*, rouge d'Islande, Médaille de bronze.

4° *Laveracks et autres Setter's*

1er Prix. — M. le baron DE SEGONZAC à Orvillers-Sorel, pour *Vaynolle II*, blanc tiqueté, par Murray, hors de Bess, Médaille d'argent.

2e Prix. — M. le baron DE SEGONZAC susnommé, pour *Fred*, blanc tiqueté, par Rock III, Médaille de bronze.

6° Groupe. — CHIENS pour la destruction de la vermine.

Fox-Terriers. — Bull's et Bull's dogs. — Terriers à poils ras et longs.

1er Prix. — Réservé.

2e Prix ex-æquo. M. BALNY à Montdidier, pour *Finot*, terrier-ratier, gris fer.

M. HOUTIN à Montdidier, pour *Marquis*, terrier anglais, noir et feu.

Médailles de bronze.

7e Groupe. — CHIENS pour la défense de l'homme et la garde des propriétés :

Terre-Neuve, St-Bernard, des Pyrénées, du Leonberg.

1er Prix ex-æquo. M. GOBLIN à Clermont, pour *Mervyn*, St-Bernard fauve.

M. Ed. LEROY à Méharicourt, pour *Tom*, Terre-neuve frisé, noir et blanc.

Médaille d'argent.

2e Prix ex-æquo. M. CORDIER Louis à Roye, pour *Miss*, Terre-neuve noir moucheté de blanc.

M. DHARDIVILLERS à Montdidier, pour *Baron*, des Pyrénées, blanc et noir.

Médailles de bronze.

8e Groupe. — CHIENS non compris dans les catégories précédentes.

Caniches, King's Charles, Griffons d'appartements, Bleinheims, Loulous Skye's, etc., etc.

1er Prix. — M. CROIZET d'Amiens, pour *Négro*, caniche noir, Médaille d'argent.

2e Prix. — M. AUDIN à Pierrefonds, pour *Mouton*, caniche blanc, Médaille de bronze.

Mentions honorables. M. COHOON à Montdidier, pour *Mirza*, Havanais blanc et noir.

M. DUCASTEL à Ansauvillers, pour *Patacola*, de la Nouvelle-Zélande à poils soyeux, marron et blanc.

CONCOURS SPÉCIAL D'OISEAUX
DE VOLIÈRES ET D'APPARTEMENTS

Concours d'honneur

Prix. M. Croizet à Amiens, Médaille de vermeil offerte par la Société régionale d'Horticulture du Nord de la France, à Lille.

1re Classe. — Oiseaux chanteurs indigènes

1° *Oiseaux chanteurs, de race*

1er Prix. — M. Gerling à Montdidier, Médaille d'argent,
2e Prix. — M. Houtin à Montdidier, Médaille de bronze.

2° *Métis.*

1er Prix. — Réservé.
2e Prix. — M. Croizet susnommé, Médaille de bronze.

2e Classe. — Oiseaux chanteurs exotiques

1er Prix. — M. Croizet susnommé. Médaille d'argent.

3e Classe. — Oiseaux parleurs

1er Prix. — M. Croizet susnommé, Médaille d'argent.
2e Prix. — M. Desvergées à Montdidier, Médaille de bronze.

4e Classe. — Oiseaux a plumage.

1er Prix. — M. Croizet susnommé, Médaille d'argent.

5e Classe. — Oiseaux insectivores.

1er Prix. — M. Croizet susnommé, Médaille d'argent.
2e Prix. — M. Renard à Montdidier, Médaille de bronze.

6e Classe. — Pigeons et colombes.

1° *Pigeons domestiques.*

1er Prix. — M. Gauthier à Abbeville, Médaille d'argent.

2° *Pigeons de volière.*

1er Prix. — M. Croizet susnommé, Médaille d'argent.
2e Prix. — M. Croizet susnommé, Médaille de bronze.

3° *Pigeons sauvages.*

Pas de concurrents.

4° *Pigeons voyageurs.*

1er Prix. — M. Croizet susnommé, Médaille d'argent.

Mémoires, Notes et Rapports

Extrait du Mémoire présenté par M. l'abbé Van Criekinge, curé de Saint-Aubin, membre du Comice agricole de Laon, sur la **Régénération de la Pomme de terre.**

La pomme de terre croît naturellement dans les Cordillières (Amérique méridionale). C'est dans son pays d'origine qu'il faut aller chercher des variétés nouvellement récoltées de semis.

Planter de bonne heure des pommes de terre hâtives pour qu'elles mûrissent de bonne heure (ne pas admettre de pommes de terre tardives dans la culture de la pomme de terre régénérée).

Arracher aussitôt la maturité.

Dès qu'une variété ne mûrit plus à *son* époque, les tubercules deviennent aqueux, jaunes au dedans, fermes comme une pâte, comme du savon; il faut les remplacer par d'autres variétés plus nouvelles, plus vigoureuses, plus récemment importées d'Amérique. L'auteur de ce mémoire a obtenu de merveilleux résultats des pommes de terre venues d'Amérique: depuis 1880, *aucune* de ses variétés régénérées n'a eu à souffrir de la maladie, qui chaque année vient frapper plus ou moins les anciennes pommes de terre européennes; les rendements sont plus forts, la qualité est infiniment supérieure comme goût et richesse en fécule.

M. Van Criekinge recommande de ne planter que des segments de pommes de terre à un *seul* œil ; son expérience personnelle de trois années, l'expérience de plusieurs années chez les cultivateurs américains, prouve qu'une pomme de terre coupée avec soin et plantée à un seul œil, produit davantage et donne une plus belle récolte que la pomme de terre plantée entière, de quelque grosseur qu'elle soit. Il plante 2 segments à un œil par touffe, un à chaque coin du trou ouvert par la bêche ; pour les pommes de terres hâtives 0m25 d'intervalle entre 2 touffes ; pour les tardives 0m30 à 0m40. Les pommes de terre hâtives, surtout plantées à une petite distance, donnent des tubercules moins gros et plus nombreux ; une petite pomme de terre est plus savoureuse, et elle est moins sujette à pourrir.

Il ne faut pas planter les segments fraîchement coupés, mais les laisser sécher : En Amérique, quelques cultivateurs les roulent dans du plâtre et les font sécher pendant plusieurs heures.

Conservation : Il ne faut jamais conserver les pommes de terre blessées à l'arrachage. Les pommes de terre qui devront être mangées, seront conservées dans un cellier sec et froid, mais inaccessible à la gelée, bien aéré, sans lumière.

Pour empêcher la pourriture et neutraliser les odeurs terreuses, jeter environ un litre de chaux par hectolitre de tubercules. Sur des planches non jointes, exhaussées de 25 à 30 c. au dessus du sol, il faut poser les pommes de terre sur une épaisseur de 30 à 40 c. et une fois par semaine les arroser très légèrement comme le ferait une petite pluie fine; de cette façon, l'air circule entre les pommes de terre, qui ne poussent pas, ne se flétrissent pas et se conservent jusqu'à la récolte prochaine comme des pommes de terre fraîchement arrachées.

Observation pour le buttage : Butter de bonne heure avant que les tubercules et les filets qui les conduisent et les nourrissent ne soient formés; plus tard la binette couperait les filets et détruirait les tubercules; le buttage terminé, que *personne* n'entre dans le champ de pommes de terre, même pas pour arracher les herbes.

Notes et Mémoire de M. J. Balny, *instituteur au Vauroux (Oise), sur la* **Maladie de la Pomme de terre.**

M. J. Balny, se remémorant les leçons de l'Institut agricole de Beauvais, a préparé son travail par des observations préliminaires recueillies pendant sept années, de 1871 à 1877 inclusivement ; il a confirmé ces observations par des expériences sérieusement faites et consignées avec un soin minutieux pendant les années 1878, 1879, 1880, mais sur la seule espèce l'*Early Rose*.

D'après ses expériences, M. J. Balny dit que la maladie se manifeste lorsqu'une pluie ou un brouillard survient au moment où défleurissent les pommes de terre, (vers la 1re quinzaine de juillet pour l'*Early Rose*). Les feuilles sont tachées immédiatement, puis elles tombent et les tiges se fanent; les tubercules les plus atteints sont ceux qui sont directement attachés sur la tige malade; tandis que ceux qui sont les plus éloignés de la souche, ceux qui sont aux extrémités des racines, sont rarement contaminés.

M. J. Balny propose comme remède « l'arrachage préventif » dès l'apparition de la maladie. Il appelle « arrachage préventif » l'enlèvement des fanes, car, dit-il, c'est par les fanes et par les tiges que la maladie descend aux tubercules.

Monographie de la Pomme de terre *par* M. Joseph Bonjean, *ancien pharmacien à Chambéry, inspecteur des pharmacies du Duché de Savoie et membre de nombreuses Sociétés savantes.*

L'ouvrage de M. Joseph Bonjean, très bien compris, fort étudié et parfaitement écrit, n'a peut-être qu'un défaut : celui d'avoir été fait en 1845; et il serait à désirer que le refondant, en profitant des découvertes faites depuis lors, l'auteur en fasse le vrai *Manuel de la Pomme de terre*.

Faisant d'abord l'historique de la Pomme de terre et des intelligents efforts faits par Parmentier pour en introduire la culture et l'emploi en France, il en décrit ensuite les caractères botaniques, et indique les diverses variétés cultivées selon les pays.

S'occupant des terrains propres à cette culture, il démontre l'avantage d'employer, dans les grandes exploitations, trois variétés de première, de deuxième et de troisième saison. Il ne dédaigne même pas, en passant, de dire son mot et de donner son avis sur la culture hivernale de cette plante, culture si préconisée, il y a quelques années, comme une nouveauté, alors qu'elle se pratique en Angleterre depuis 1813

Etudiant ensuite les divers moyens de propagation de la Pomme de terre, les maladies auxquelles elle est exposée et les remèdes à y opposer, il en arrive à l'étude chimique de cette plante, à sa valeur nutritive et industrielle, et enfin à l'emploi de ses diverses parties.

— La deuxième partie de cette monographie est particulièrement consacrée à l'affection particulière qui depuis 1845 n'a cessé de frapper cette plante et à laquelle on a donné le seul nom de « *maladie* ». Il en suit la marche à travers les diverses contrées où cette affection s'est montrée ; il en étudie les divers caractères, les influences, les causes et recherche les meilleurs moyens d'y remédier ou de la prévenir.

— La troisième partie est tout entière consacrée à l'emploi industriel de la pomme de terre et aux meilleurs procédés pour la transformer en substances diverses.

Cette Monographie se recommande donc à tous les amis de la précieuse solanée.

Notes diverses et Tableaux concernant la Pomme de Terre, *présentés par* M. PATTE, *instituteur à Étincourt-Sainte-Marguerite.*

M. Patte, Instituteur à Etincourt-Ste-Marguerite (Oise), l'apôtre de l'Horticulture dans sa région, a fait à l'occasion du Centenaire de la pomme de terre un intéressant recueil de 23 Articles bien choisis, tous écrits sur Parmentier et sur la pomme de terre : son origine, sa culture, sa maladie, sa conservation.

Il y a joint un certain nombre de tableaux fort bien faits, représentant cette plante dans ses divers états. C'est un monument en l'honneur de Parmentier.

Produits principaux que l'on obtient avec la Parmentière

PRODUITS

1° Avec le Parenchyme de la Parmentière on fait : du pain, du gâteau, de la chicorée, de la polenta, du Fromage fabriqué en grand dans la Saxe, du paron employé par les tisserands, et on peut blanchir le linge aussi bien qu'avec le savon.

2° Avec son épiderme (pelure) séché, broyé, passé au tamis et aromatisé avec une essence *ad hoc*, on fait une poudre sternutatoire qui peut remplacer au besoin le tabac à priser.

3° Avec ses tiges on fabrique au moyen du rouissage, du papier, soit en les employant seules, soit en les mêlant à de vieux chiffons, et par l'incinération on obtient de la potasse.

DÉRIVÉS

On extrait de la Parmentière : 1° de la fécule, (*amidon spécial*, absolument identique comme composition chimique à celui des céréales), que l'on fait entrer dans plusieurs préparations telles que le chocolat, le racahout des Arabes.

Les résidus provenant de l'extraction de cette Fécule servent de nourriture aux bestiaux.

Au moyen de différentes manipulations on fait avec la Fécule, du gâteau de Savoie, de l'empois, de la pâte d'Italie, du macaroni, du vermicelle ; et par certains procédés chimiques ou mécaniques on la transforme en semoule, en Sagou, en dextrine, en gomme, en glucose liquide (sirop de fécule), en glucose massé, en glucose granulé ; ces trois derniers produits s'emploient beaucoup dans la confiserie et dans la fabrication de la bière, du vinaigre, des liqueurs et de tous les vins ordinaires et de liqueurs factices. — 2° de l'alcool qui contient une huile infecte qui ne bout qu'à 132°, que les chimistes anglais ont su mettre à profit les premiers pour produire : 1° par oxydation, de l'acide valérianique absolument identique à celui que l'on extrait de la racine de valériane ; 2° par mélange avec certaines substances, de l'essence de pomme (apple-oil) et de l'essence de poire (pear-oil).

Les résidus de la distillation de l'alcool de la Parmentière, ainsi que les produits de sa désacidification (sulfate de chaux) sont des engrais puissants.

P.-S. — Il est inutile de parler de la Parmentière envisagée au point de vue culinaire, attendu qu'il n'est personne qui ne sache ce qu'on peut en faire. On peut consulter à ce sujet le Traité Carême, le Cuisinier Royal, le Bréviaire du Gastronome, la Cuisinière de la ville et de la campagne de M. L. E. Audot et tous les livres spéciaux de cuisine.

Rapport sur la distillerie de Pommes de terre

La maison Warein-Prévost, de Lille, représentée par M. Defrance, son ingénieur, bien connu des distillateurs, a exposé un ensemble d'instruments pour la distillation des pommes de terre et des grains. On y voyait :

1° Une colonne à distiller de leur invention, marchant complètement remplie dans sa partie inférieure de moût à distiller.

2° Un cuiseur à grains ou à pommes de terre.

3° Un macérateur refroidisseur.

4° Une pompe rotative servant à réduire en bouillie fine les matières sortant du cuiseur, ainsi que le malt vert.

5° Un petit lavoir à pommes de terre emprunté à l'exposition des instruments aratoires de M. le comte de Beaurepaire.

Le cuiseur présente une particularité très intéressante: par suite de la disposition des arrivées de vapeur, cette même vapeur fait l'effet d'un violent agitateur dans le sens horizontal et dans le sens vertical, en même temps qu'elle introduit le calorique de cuisson. Cette disposition ingénieuse permet de supprimer les agitateurs mécaniques, toujours sujets à des dérangements, des fuites de vapeur et des nettoyages difficiles. Il est muni d'un manomètre indiquant la pression qu'exerce la vapeur dans cet instrument.

Le macérateur reçoit du cuiseur la vidange par pression de la bouillie plus ou moins parfaite fournie dans le cuiseur; — par une série de serpentins situés dans l'intérieur où circule de l'eau froide, on refroidit le moût très rapidement au moyen d'un agitateur central à axe vertical, qui par des ailes combinées pour donner le moins de résistance possible, agite continuellement le liquide à refroidir, et change constamment le liquide en contact avec les tuyaux refroidisseurs.

La pompe rotative est successivement mise en communication avec le liquide pâteux du macérateur en l'aspirant par le bas et le déversant par le haut: dans son passage à travers la pompe, l'obligation de passer entre deux mâchoires circulaires en fonte, achève de broyer toutes les parties qui ne le seraient pas suffisamment. Pendant le temps que le cuiseur fonctionne, on en profite pour utiliser son temps et la pompe pour préparer le lait de malt vert, en le faisant passer d'un petit bac spécial dans la pompe et de là le faisant retourner dans ce petit bac par sa partie supérieure. — Après quelques passages successifs, le malt est réduit en lait, le tout à température ordinaire, et attend ainsi le moment d'être employé pour la saccharification.

Aussitôt les matières à distiller bien réduites en purée, on les réunit dans le macérateur après l'avoir mis au point voulu de température; la diastase produit alors son effet de saccharification. Il eût fallu, pour pouvoir constater toute son efficacité, avoir pu voir s'accomplir le reste du travail (la fermentation et la distillation) pour constater par le rendement obtenu en alcool si le travail de la diastase a été complet.

Le bon nettoyage des pommes de terre est une condition très importante d'un bon rendement, et nous avons pu constater que le petit lavoir imaginé par M. le comte de Beaurepaire s'en acquitte fort bien — quoique de petite dimension, la brièveté (2 minutes à peine) de chaque opération (1 hectolitre) fait qu'en peu de temps on peut en laver beaucoup.

Bon nombre de fabricants de sucre sont déjà munis de ce petit lavoir pour faire la tare des betteraves achetées; il conviendrait aussi fort bien pour faire les tares des pommes de terre achetées.

En résumé, il ressort de cette exposition la démonstration suffisante pour prouver que la maison Warein Prévost est à la hauteur de la situation, et qu'elle est en mesure de pouvoir monter une distillerie de pommes de terre chez les agriculteurs industriels qui voudraient leur confier un montage.

La série d'instruments que nous venons d'énoncer étaient abrités par un hangar en fer couvert en tôle ondulée de 1 m/m d'épaisseur, dû à l'intervention de M. Schupp, ingénieur civil, constructeur à Amiens de toutes sortes de bâtiments en fer. La légèreté, jointe à la solidité de ce hangar, en fait un spécimen de hangar agricole incombustible ; ce qui a bien son avantage. A raison de 10 fr. au plus du mètre carré de terrain couvert, on peut partout avoir de semblables hangars.

Rapport sur le Concours scolaire de 1886

Le Concours ouvert cette année par les soins du Comice agricole de l'arrondissement de Montdidier entre toutes les écoles des cinq cantons dont se compose cet arrondissement, a pris d'autant plus d'importance que le résultat devait en être proclamé à l'occasion des magnifiques fêtes du Centenaire de Parmentier, qui devaient laisser de si intéressants souvenirs dans l'esprit des personnes qui en ont été les heureux témoins, c'est-à-dire en présence d'une affluence considérable d'hommes honorables venus de tous les points de la France. De là, sans doute, le nombre relativement élevé des écoles qui nous ont présenté des candidats ; de là aussi le nombre non moins élevé de tous ceux qui se sont fait inscrire pour se soumettre aux épreuves prescrites. De là enfin et surtout la bonne préparation et les intéressants résultats qu'il a été donné aux commissions de constater, et qui prouvent que l'enseignement de l'agriculture est en progrès dans les écoles et qu'il est de plus en plus apprécié, quant à son utilité pratique, tant par les maîtres dévoués qui sont chargés de le répandre que par les élèves appelés à en recueillir les fruits. Puisse cette heureuse tendance concourir dans une certaine limite à combattre la dépopulation de nos communes rurales.

Par une innovation d'ailleurs pleinement justifiée, les élèves appelés à prendre part au Concours de cette année ont été divisés en trois catégories distinctes comprenant: 1° une division supérieure composée des élèves primés ou non, de 14 à 16 ans, limite d'âge ; 2° une première division comprenant les candidats de 12 à 14 ans ; et enfin 3° une deuxième division comprenant ceux de 8 à 12 ans.

Cette disposition, en même temps qu'elle équilibre autant que faire se peut les forces respectives des élèves de chaque division appelés à concourir entre eux, a surtout pour avantage de permettre à la Commission d'attribuer des récompenses en rapport avec leur mérite à des élèves qu'il lui fallait parfois mettre hors de concours, soit parce qu'ils avaient précédemment épuisé toute la série des récompenses dont elle peut disposer, soit aussi parce que ces élèves ne se trouvaient plus dans les mêmes conditions d'âge avec les concurrents plus jeunes et à qui, par là même, le même temps avait manqué pour compléter leur acquis en connaissances agricoles.

Le Diplôme d'agriculture attribué comme récompense aux lauréats de la division supérieure sera donc, nous l'espérons, compris et accepté comme un témoignage de satisfaction, sorte de certificat d'études exclusivement agricoles, et juste récompense aussi honorable pour le maître qui s'est plus particulièrement occupé de cet enseignement que pour l'élève qui a profité de ses soins.

Rapport sur le Concours spécial de Chiens

La ville de Montdidier vient de donner l'exemple du résultat que peut obtenir une intelligente initiative individuelle. Sous l'inspiration du Comice agricole, un concours de chiens d'utilité et d'agrément a été institué, et la réussite a dépassé toutes les espérances. Une installation économique quoique parfaitement entendue, a été établie, et plus de cent propriétaires de chiens ont répondu à l'appel de M. de Vienne; tous ont loué sans restriction l'organisation du concours.

La publicité avait été restreinte aux journaux de l'arrondissement, et l'exposition ne comprenait guère que des sujets du pays et appropriés aux usages de la chasse du pays.

Les chiens d'arrêt et les bassets français étaient largement représentés et nous avons rarement rencontré de plus beaux spécimens que les griffons de M. Triboulet, et les bassets de M. Labitte du Mesnil-St-Georges ; pour ces derniers le jury a eu une situation longue et difficile à établir, car les types étaient aussi nombreux que distingués. Jamais a aucune exposition connue ce chien modeste, si apprécié du chasseur campagnard, n'a eu les honneurs d'une discussion aussi longue, et aussi intéressante pour le jury.

M. le Baron de Segonzac a remporté, haut la main, les prix destinés aux Pointers et aux Laveracks.

M. de Becquincourt avait envoyé son jeune et vaillant équipage de sanglier, auquel il ne manque que quelques années d'existence pour être à hauteur des vautraits les plus renommés.

Le jury composé de MM. Fessart, comte d'Archiac et A. du Bos, n'a eu qu'à adresser des éloges sans limites à M. Hermier, qui a bien voulu se charger du secrétariat et de toute l'organisation matérielle du concours.

Liste des Bienfaiteurs du Centenaire de Parmentier

MM. Develle, ministre de l'agriculture.
le Général Boulanger, ministre de la guerre.
Chevreul, membre de l'Institut, doyen des étudiants de France.
Pasteur, membre de l'Institut.
Ferdinand de Lesseps, Président-fondateur des canaux de Suez et de Panama.
Tisserand, directeur de l'agriculture au Ministère.
G. Heuzé, inspecteur honoraire de l'agriculture.
Coullier, Pharmacien-Inspecteur et membre du Comité de santé des armées.
l'Institut de France.
la Société nationale d'Agriculture de France.
la Société des Agriculteurs de France.
le Conseil général de la Somme.
l'Association générale des Pharmaciens de France.
la Société de pharmacie de Paris.
la Municipalité et la Ville de Montdidier.
la Chambre des Notaires de l'arrondissement de Montdidier.
la Chambre syndicale des Féculiers de Paris.
la Chambre syndicale des Féculiers de l'Oise.
les Comices Agricoles de:

Abbeville, Albi (Tarn), Amiens, Apt (Vaucluse), Brest (Finistère), Carpentras (Vaucluse), Châteauroux (Indre), Douai (Nord), Doullens, Epernay (Marne), Mamers (Sarthe), le Mans (Sarthe), Marles (Aisne), Mende (Lozère), Montreuil (P.-de-C.), Moulins (Allier), Nantes (Loire-Inférieure), Orléans (Loiret), Péronne, Poligny (Jura), Pouilly-en-Auxois (Côte-d'Or), Reims (Marne), Remiremont (Vosges), Rouen (Seine-Inférieure), Saint-Junien (Haute-Vienne), Saint-Quentin (Aisne), Sedan (Ardennes), Seurre (Côte-d'Or), Soissons (Aisne), Vannes (Morbihan), Vesoul (Haute-Saône), Vervins (Aisne).

les Sociétés d'Agriculture :

de l'Ariège, à Foix; d'Arras (P.-de-C.); de Beauvais (Oise); du territoire de Belfort; des Bouches-du Rhône, à Marseille; de Compiègne (Oise); du Doubs, à Besançon; du Gard, à Nîmes ; de la Loire, à St-Etienne ; de Montmédy

(Meuse); de Nancy (Meurthe-et-Moselle); du Pas-de-Calais, à Arras; de Perpignan (Basses-Pyrénées); de Pontoise (Seine-et-Oise); de Rochefort (Charente-Inférieure); de la Savoie, à Chambéry; de la Seine-Inférieure, à Rouen; de Seine-et-Oise, à Versailles; de Soissons (Aisne); et du Tarn, à Albi.

le Cercle Horticole du Nord, à Lille;

la Société d'Horticulture, Agriculture et des Sciences industrielles de Boulogne-sur Mer (Pas-de-Calais);

la Société régionale d'Horticulture du Nord de la France, à Lille;

la Société Nantaise d'Horticulture, à Nantes (Loire-Inférieure);

et les Sociétés d'Horticulture de:

Beauvais (Oise); Cholet (Maine-et-Loire); Clermont (Oise); Compiègne (Oise); Epernay (Marne); Etampes (S.-et-O.); Mirecourt (Vosges); Montmorency (S.-et-O.); Nancy (Meurthe-et-Moselle); Orléans et du Loiret; Péronne; de Picardie, à Amiens; de la Seine-Inférieure à Rouen; de Senlis (Oise); et de Tarare (Rhône).

l'Académie de Mâcon (Saône-et-Loire);

le Cercle des Etudiants en médecine et en pharmacie, d'Amiens;

le Cercle pharmaceutique de la Marne;

l'Institut Agricole des Frères, à Beauvais;

la Société Industrielle d'Amiens;

la Société de prévoyance des pharmaciens de la Seine, à Paris;

la Société des Sciences et des Arts, au Hâvre;

les Municipalités, les Villes et Communes de:

Compiègne, Nesle et Roye;

Andechy, Assainvillers, Ayencourt-le-Montchel, Beaucourt, Beauquesne, Billancourt, Bouchavesne, Bouillancourt, Bovelles, Braches, Bus, Cantigny, Combles, Crévecœur-le-Grand, Dreslincourt, Erches, Ercheu, Etelfay, Fignières, Fontaine-s-Montdidier, Grivesnes, Grivillers, Guerbigny, Hallu, Heuzecourt, Laigneville, Lignières-Châtelain, Misery, Mouchy-le Châtel, Punchy, Remaisnil, Roisel, Rouvroy-en-Santerre, Rubescourt, Sailly-le-Sec, St-Just-en Chaussée, St-Romain, Sauvillers, Sourdon, et Villers-Bretonneux.

les Instituteurs et Elèves des Ecoles communales de:

Andechy, Arvillers, Assainvillers, Ayencourt le-Montchel, Balâtre, Bayonvillers, Berny-s-Noye, Berteaucourt, Bouchoir, Bouillancourt, Boussicourt, Braches, Bus, Cantigny, Caix, Carrépuits, Champien, Coullemelle, Courtemanche, Cressy-Omencourt, Englebelmer, Erches, Ercheu, Esclainvillers, Estrées-Deniécourt, Etelfay, Faverolles, Ferrières, Fescamps, Fignières, Folies, Folleville, Fonches, Fouquescourt, Fransart, Goyencourt,

Gratibus, Grivesnes, Grivillers, Guerbigny, Guillaucourt, Hailles, Hangest-en-Santerre, Harbonnières, Laboissière, La Chavatte, Lamaronde, Liancourt-Fosse, Louvrechy, Marché-Allouarde, Marestmontiers, Maricourt, Méharicourt, Mesnil-St-Georges, Mézières en-Santerre, Montdidier (garçons et école des Frères), Moreuil, (garçons), Moyencourt (garçons et filles), Parvillers, Piennes, Quiry-le-Sec, Roiglise, Rollot (garçons), Rosières, Roye (école des Frères), Saint-Mard, Saulchoy-sur-Davenescourt, Sauvillers, Sourdon, Thennes, Thory, Tilloloy, Verpillières, Vrély et Warvillers.

Les **directrices** et les **Elèves** des Pensionnats libres de :

St-Omer, à Rosières.
Mlle Pouret, à Roye.

MM. Cohn, préfet de la Somme;
Sagebien, sous-préfet de Montdidier;
J. Barthélemy de St-Hilaire, C. Lagache, G. Laguerre, A. Lavalley, sénateurs;
Bizot de Fontenay, vicomte Blin de Bourdon, Briet de Rainvillers, Déandréis, Deberly, Descaure, Dompierre d'Hornoy, E. Duclerc, marquis d'Estourmel, général de Frescheville, René Goblet, Yves Guyot, Auguste Hude, L. Jacquier et ses collègues du Rhône, G. Jametel, Laroze, L. Lecointre, J. Le Souëf, Levray, Léon Martin, Ch. Prevet, le comte de Terves et Maurice Vergoin, députés.

Mesdemoiselles :
de Braches, à Braches; Joanna Goncarel de Volam, à Mattenval (Loire); Madeleine Labitte, au Mesnil-St-Georges; Patrice, à Toulouse.

Mesdames :
Baudoire, à la Mesle-Sarthe (Orne); de Bonnault d'Houet, à Montdidier; veuve Bullard, à Montreuil-sous-Bois; veuve Carton, à Montdidier; veuve Carton-Huyard, à Moyencourt; Deflers, à Ayencourt; Dentend de Pingré, à Paris; comtesse de l'Escalopier, à Liancourt-Fosse; Gerin, à Paris; veuve Grimardias; comtesse de Luppé, à Paris; veuve Etienne Poulenc, à Paris; baronne de Rothschild, à Paris; vicomtesse de Villeneuve-Bargemont, à Davenescourt.

MM. Chatin, Directeur de l'Ecole de pharmacie, à Paris.
Bertout, professeur id id.
Marchal, id. id. id.
Legendre, id. id. id.
Luget, id. id. id.

MM. les Pharmaciens civils et militaires: Debray, à Alger; Barral, à Batna; Girard, à Biskra; Roman, à Bône; Haas, à Bougie; Aude, Daube, Lahache,

MM. Masson et Roze, Constantine; Malher, à Djidelli; Delahousse, à la Goulette; Bougnon, à Guelma; Chasel et Dominique, à Philippeville; Speizer, à Sétif; Gessard, à Sousse (Algérie).

Moissonnier, Koechlin, Krocels, Simon, Delsart, Seydel, Triponé, Routhier, Rouvier, Thuriol, Schlasser, Martzloff, Wagner, Metz, Tachard, Wardus et Mourlan, à Belfort (Haut-Rhin).

Barillé, pharmacien en chef du 10e corps d'armée; Pavot, sous-intendant; Boucherot, pharmacien chimiste; Berneval Francheville, intendant militaire; Trapet, pharmacien-major; Gripon, Lechartier et Crié, professeurs à la faculté des sciences; Marchal sous-intendant et Cholley, pharmacien à Rennes (Ille-et-Vilaine).

Balland, pharmacien en chef du 2e corps d'armée; Soyer, Tremolet, Moreuil, Puche, Fouilleul, Hatté, Bibel, Gernez, Savary, Godin, Legoux, Wallet, Debionne, Bor et Moymer, à Amiens.

Brouant, Ricart, Mallet, Durieu, Jegou, Pelisse, Dulud, Parain, Fromond, Fleury, Roupplange, Caminos, Charaux, Lafroigne, Bousson, Périer, Simon, Raby, Ulrich, Coulon, Marby, à Paris.

Cambriels, Camus et Warnier, à Lyon (Rhône).

Audt et Simoir, à Valenciennes (Nord).

Bernard, à Fontainebleau (S. et-M.); David, à Vincennes (Seine); Quinquet, à Dunkerque (Nord); Figuier, Perron et Fischer, à Bordeaux (Gironde); Huckel, à Héricourt (Haute Saône); Rouvel, à Clermont-Ferrand; Duvernois, Mook, Duvenoy, Sahler et Peujeol, à Audincourt (Doubs); Pouchet, à Chaux; Zeller, à Giromagny (Haut-Rhin); Dantel, à Champagnol (Jura).

Les Pharmaciens militaires du Val-de-Grâce, à Paris.

MM.

Le général comte de Geslin, président du Comice agricole de Briey (Meurthe-et Moselle).

S. G. l'archevèque de Cambrai.

S. G. l'évêque de Soissons.

Le marquis de Cherville, à Paris.

Le baron de Vauquelin, Le Sap (Orne).

Gallois, fabricant de sucre à Laboissière.

Le vicomte de Mareuil, à Paris,

Léon de Laval, à Raveton (Orne).

Toulza Ilcite, à Toulouse.

Joseph Gaudet, à Magreux (Loire).

Ed. Leroy, à Méharicourt.

Toulet, à Albert.

Labruyère, fabricant de sucre à Roye.

L'abbé Godin, curé-doyen d'Albert.

MM.

Robert de Fontenay, chef d'escadron au 10e dragons, à Montauban.
Dewastine, instituteur à Autremont (Aisne).
Delval, Président du Comice de Marles (Aisne).
A. Baudry, à Hourges.
E. Palyart, à Amiens.
Le comte de Melun, à Lille.
G. Morel, à Coullemelle.
E. Thouret, à Villers-sur-Authie.
Eusèbe, à Beaufort.
Jacquemart, à Quessy (Aisne).
L. de Bracquemont, à la Folie-Guérard.
M. de Borrigols, à Franleu.
Le comte de Valicourt, à Bécourt.
Le Président du Comice de Mamers (Sarthe).
Périer, à Chauny.
Le comte de Gomer, à Quevauvillers.
P. de Boutteville, à Herly.
du Liège, à Arrest.
Le marquis de la Tour-du-Pin Chambly, à Arrancy.
E. Perdry, à Monchy-Lagache.
de Becquincourt, à Billancourt.
P. Guérard, à Wiencourt-l'Equipée.
Léon de Mot, fabricant de sucre à Arleux (Nord).
Le vicomte de la Celle, à Villebeston (Creuse).
Maurice de Priel, à Davejean, (Aude).
Le colonel de Tascher de la Pagerie, au Petit-Fresnoy (Aisne).
L. Galtier, à Abbeville.
Le baron de Bouchepoin, à Paris.
L. Brouant, pharmacien, à Paris.
Monseigneur le Comte de Paris.
Henri de Monchy, à Noyon.
Le marquis de Balathier, président du Comice de Saulieu (Côte-d'or).
Le baron Larrey, à Paris.
de Garsignies, à Beaufort.
L. Vasset, secrétaire du Comice de Péronne.
A. Béthouard, à Abbeville.
Fabignon, à Paris.
A. Cauchetier, à Amiens.
Le vicomte R. du Puget, à Compiègne.
Le comte A. de Puget, à Paris.
A. de Bracquemont, à Damery.
Morel-Delarouzée, à Amiens.
L. de Bonnault, à Mérélessart.
Auguste du Bos, à Bovelles.
Louis de Guillebon, à Bovelles.
E. Loisel, au lycée de Vanves.
E. Cauvin, à Saleux.

MM.

Hadengue-Delvigne, à Etalon.
Clovis Bourdon, à Davenescourt.
R. P. Louison, supérieur du séminaire, à Marseille.
Alphonse Pillon, à Roye-sur-Matz.
Le comte de Fransures, à Villers-Tournelle.
Emile Colin, à St Germain-en-Laye.
Le baron Graeb, à Paris.
Théodule Goret, au Plessier-Rozainvillers.
Ed. Vilmont, avoué à Amiens.
Théodore Turin, à Meyreuil, (Bouches-du-Rhône).
Picard, pharmacien à Chatenois (Vosges).
Derroire, instituteur à Fourneaux (Loire).
Amédée Vachette, à Paris.
Emile Vachette, à Troyes.
L'abbé Vachette, à St-Flour.
Paul Vachette, à Cherbourg.
Le général Parmentier, à Paris.
L. Fournier, à Amiens.
Petit-Leroy, président du Comice de Péronne.
Gaston Faton de Favenay, à Amiens.
Charles Faton de Favenay, à Amiens.
Plauzolles, pharmacien à Meaux.
Magnier Grenier, à Bouchavesnes.
Nobecourt Jean, id.
Nobecourt-Cousin, id.
S. A. le Duc de Nemours, à Paris.
S. A. le duc d'Alençon id.
E. de Launay, à Moyencourt.
Cavenel, Charles, id.
Guilbert Edouard, id.
Robart J.-B[te] id.
Desachy Victor, id.
François Anatole, id.
Delvigne Arsène, id.
Guny Alphonse, id.
Leturcq Firmin, id.
Robert, pharmacien à St-Amour (Jura).
Lelong, pharmacien à Beaune, (Côte-d'Or).
Paul Bert, Gouverneur général du Tonkin.
Méré, pharmacien à Chantilly.
Liaudy, pharmacien à La Rochette (Savoie).
Gaston Doray, pharmacien au Hâvre.
Calloub, pharmacien à Annecy, (Haute-Savoie).
L. Mathieu, pharmacien à Deuilley (Aisne).
Monnet, pharmacien à Bergerac (Dordogne).
Pluchet, Frissart et Cie, à Roye.
Clichi, pharmacien à Cirès-les-Melle.
Jullien-Fichaux, à Arvillers.
Paul de Vaugel, à St Cyr de-Favières (Loire).
Alph. de la Houplière, à Quend.

MM.

A. Paga, pharmacien à Morlans (Basses-Pyrénées.)
De Butler, à Remaisnil.
Emile Pluchet, à Roye.
Stanislas Masson, à Roye.
Edouard Dodé, à Paris.
L. Bertrand, à Paris.
G. Perdry, notaire à Amiens.
H. Revel, à Croisette (Pas-de-Calais).
Paulin Puig, pharmacien à Vernet les-Bains. (B.-Pyr.)
E. Hue, pharmacien à Lieurey, (Eure).
Le Caron de Beaumesnil, à Rollot.
Paillet, Antoine id.
Debourge Jean-Baptiste id.
Pillot Jules id.
Girot Jean id.
Trouvain-Lointier id.
Pillon Louis id.
Delacroix Alfred id.
Choisy, Constant id.
Leclercq Just id.
Mullot Désiré id.
Gascaud, pharmacien à Rouen.
Léon Dornier, pharmacien à Morteau (Doubs).
Picart, instituteur à Aizenay (Vendée).
le Marquis de Rune, à Warsy.
Emile Hermann, à Hangest-en-Santerre.
Calvet, à Montréal, Aude.
Neyrat, pharmacien à Gresy-s-Isère (Savoie).
de Beauvillé, à Paris.
P. Gousseau, à Bouillé (Vendée).
de Genlis, à Fontaine.
A. Revel, à Paris.
G. du Bos, à Fransart.
D. du Bos, à Fransart.
Fichaux-Normand, à Arvillers.
Ludovic d'Anchald, à Blincourt.
Reversey, notaire à Airaines.
le comte d'Hinnisdal, à Tilloloy.
Alix des Diguières, à Metine-Eglise (Orne.)
Pesche, pharmacien à Nogent-le-Rotrou.
Delaruelle (famille), à St-Ouen.
Raoul Barbier, à Sauvillers.
Deflers, à Ayencourt.
Commelin, à Tilloloy.
Babeur, à St-Just-en-Chaussée.
Ponsard Ferdinand, à Popincourt.
Thilliez, pharmacien à Liévin (Pas-de-Calais).
Martineau des Chenez, à Paris.
Ch. Saint, à Flixecourt.
Bouly-Lepage, à Moreuil.

MM.

Sydenham, à Doullens.
Adéodat Lefebvre, à Amiens.
Dehesdin. id.
Oscar Cosserat. id.
Coquel. id.
Ch. Labbé. id.
L. Dewailly. id.
N. Ponche. id.
Albert d'Ainval, à Paris.
Jacques d'Ainval, id.
Renard, à Ferrières.
de l'Epine, à Amiens.
Daudré, à Marché-Allouarde.
Gamot, père et fils, à Paris.
l'abbé Decroix, curé-doyen, à Roye.
Groult, à Paris.
A. Noël, à Amiens.
Levendre, instituteur au Quesnel.
Bouilloy, pharmacien-major.
Karcher, id. id.
Jehl. id. id.
comte de Malglaive, à Neuvillers (Meurthe-et-Moselle).
Magnier, propriétaire à Versailles.
le vicomte de Soussaye, à Laboissière.
Poidevin, id.
Cottinet, à Hangest.
de Mercey, à La Faloise.
Bernot, à Ham.
A. Lefebvre, à Fescamps.
Lainé père, à Montdidier.
Jullien Ulysse, à Laboissière.
Bourgeois, à Marcelcave.
Himbourg, instituteur à Péronne.
Paul Boisteaux, à Cambrai.
Cravaux, pharmacien à Nyons (Drôme).
Albert Carette, à Paris.
Roger, Lefebvre, à Acy-en-Multien.
Azœuf, à Pierrepont.
L. du Bos, à Flers-sur-Noye.
Vinchon père et fils, à Ennemain.
Langlet, à Amiens.
Leroy Alexandre, à Amiens.
le Garde champêtre d'Erches.
Serpette, à Contoire.
Gérard, pharmacien à Noyon.
Depuille, à Laboissière.
Mourain, id.
Hecquet, à Montdidier.
Flon Eugène, à Faverolles.
Jarry frères, à Angoulème.

MM.

Séraphin Delarue, à Beuvraignes.
Prudent-Waintin, au Mesnil-St-Georges.
V. Delaporte, id.
Barthe, pharmacien-major à Bordeaux.
Maillot, pharmacien à Dampierre.
Anonyme de St-Germain-en-Laye.
Boulanger, à Albert.
Goret, père et fils, à Rouvroy-en-Santerre.
Allart, débitant, à Montdidier.
Renouard, à Lille.
Baudelocque, à Montdidier.
Foulloy, à Piennes.
Triboulet, à Vaux.
E. Leviel, à Rosières.
Victor Mauduit, à Marquivillers.
Bourgoin, professeur de pharmacie, à Paris.
Japy, à Beaucourt (Haut-Rhin).
H. et L. Muret.
Morel, pharmacien-major, à Sedan.
Chambard, id. Givet.
Gustave Frézon, à Amiens.
Pillot-Devillers, à Bouchoir.
Chaudun, à Montdidier.
Eymard-Lacour, pharmacien à Oran (Algérie).
Ch. Boitel, à Paris.
Labitte, au Mesnil-St-Georges,
Albert Labitte, id.
A. de Mercey, à La Faloise.
L'abbé Capart, à Montdidier.
Gauthier-Lathuille, à Paris.
Bignon, restaurateur, id.
Renon, jeune, à Polletins.
Depinay, à Paris.
Gallet, président de la Société Industrielle, à Amiens.
Président de la Société d'Agriculture du territoire de Belfort.
Duchemin, à Piennes.
Foret, pharmacien à Rosières.
Marotte-Goret, à Cressy-Omancourt.
d'Hautefeuille, à Curchy.
de Gillès, Président du Comice, à Amiens.
J. Boujean, pharmacien à Chambéry.
Dubois, pharmacien-major, à Marseille.
A. Petit, président de l'Association générale des pharmaciens de France.
le baron de Fourment, à Cercamps.
Adolphe Dailly, à Paris.
Adolphe Tenaillon, à Roye.
Dobbé, jeune, à Paris.
le Marquis de Plessis-Bellière, à Moreuil.

MM.

Joly fils, à Ferrières.
Thory, à Montdidier.
Amédée Lefebvre, à Paris.
Quillet, à Laboissière.
Jaouen, à Houdan.
Georges d'Epinay, à Paris.
Menier, fabricant de sucre, à Roye.
Gobin-Dodo, à Montdidier.
ETC., ETC., ETC.

ÉTAT-CIVIL DE A.-A. PARMENTIER

ET DE SA FAMILLE

EXTRAITS des Registres de la Paroisse du Saint-Sépulcre de Montdidier.

Du 6 Juin 1735

MARIAGE de : PARMENTIER, Jean-Baptiste-Augustin, fils de Sébastien *Parmentier* et de défunte Françoise *Lefebvre;*

Avec : Demoiselle Marie-Eufrosine MILLON, fille majeure d'Antoine *Millon* et de défunte Suzanne *de Beauvais.*

PÈRE ET MÈRE DE PARMENTIER.

Du 14 Avril 1736

BAPTÊME de : Marie-Suzanne PARMENTIER, fille de Jean-Baptiste-Augustin *Parmentier* et de Marie-Euphrosine *Milon;*

— Parrain : Sébastien Parmentier.
— Marraine : Suzanne Millon.

SŒUR AÎNÉE DE PARMENTIER.

Du 12 Août 1737

BAPTÊME de : ANTOINE-AUGUSTIN PARMENTIER, fils de Jean-Baptiste-Augustin et de Marie-Eufrosine *Millon;*

— Parrain : Antoine Millon.
— Marraine : Marie Pillon-Delatour.

Du 4 Novembre 1739

BAPTÊME de : Charles - Nicolas - Sébastien PARMENTIER, fils de Jean - Baptiste-Augustin et de Marie-Eufrosine MILLON ;

— Parrain : Nicolas-Athanase Millon.
— Marraine : Marie-Anne Stocman.

FRÈRE PUÎNÉ DE PARMENTIER, MORT LE 26 AOUT 1748.

Du 19 Octobre 1740

MORT de : Sébastien PARMENTIER, âgé d'environ 75 ans, Bourgeois de la ville ; lequel a été enterré en présence des sieurs Stochman et Lendormi, ses neveux, maîtres-chirurgiens.

GRAND-PÈRE PATERNEL DE PARMENTIER.

Du 28 Octobre 1741

BAPTÊME de : Anthoine-Simon, fils de Jean-Baptiste-Augustin PARMENTIER, et de Marie-Euphrosine MILLON ;

— Parrain : Antoine Stocman.
— Marraine : Barbe Bertrand.

FRÈRE CADET DE PARMENTIER.

Du 10 Janvier 1744

BAPTÊME de : Paul-Luglien, fils de Jean-Baptiste-Augustin PARMENTIER, et de Marie-Froisine MILON ;

— Parrain : Paul-François Lendormy, maître chirurgien.
— Marraine : Demoiselle Charlotte Ratelle.

DERNIER FRÈRE DE PARMENTIER, MORT LE 4 JANVIER 1749.

Du 16 Février 1776

MORT de : Marie Eufrosine MILLON, âgée de 70 ans, épouse du sieur Jean-Baptiste PARMENTIER, et inhumée en présence de son mari.

MÈRE DE PARMENTIER.

NOTA. — Le frère cadet de Parmentier, Anthoine-Simon, devint receveur des aides, à Chaumes-en-Brie. Ce fut chez lui que se retira leur père, après le décès de sa femme, et il y mourut le 26 juin 1788, à l'âge de 78 ans.

NOTICE NÉCROLOGIQUE

sur M. CHARLES-AMAND DE VIENNE

Président du Comice Agricole de l'arrondissement de Montdidier

---

« Quand une existence précieuse au pays est brisée, c'est un devoir pour ceux qui le représentent, à quelque titre que ce soit, de déposer un souvenir sur la tombe entr'ouverte où reposent les dépouilles de celui que la mort sépare à jamais de ses amis. »

Telles étaient les paroles qu'en décembre 1886 M. de Vienne laissait tomber sur la dépouille mortelle de son prédécesseur à la direction du Comice, le regretté M. Alphonse Lecointe.

Telle sera notre conduite aujourd'hui, qu'arrivé à l'achèvement du Bulletin spécial qui devait remémorer à tout jamais aux populations agricoles, les splendeurs et les fastes de cette magnifique fête de souvenir et de reconnaissance qu'on a appelée « le Centenaire de Parmentier, » nous ne pouvons qu'y inscrire la signature posthume du très regretté Président de notre Comice.

CHARLES-AMAND DE VIENNE, membre du Conseil municipal de Montdidier, Fabricien de l'église du Saint-Sépulcre de cette ville, Membre honoraire de la Chambre de Commerce d'Amiens, ancien Examinateur au Volontariat conditionnel, Président de la Société de Secours mutuels de Montdidier et du Comice agricole de l'Arrondissement, était né à Saint-Quentin, le 20 septembre 1819, d'une vieille famille picarde, comme en témoignent les chartes du temps, où nous retrouvons entr'autres, comme « Procureur ès sièges roiaux de Montdidier et Bailly de la terre et seigneurie de Remaugye et Onvillers, en 1726, » M. Romain de Vienne ; ce qui déjà donnait à cette honorable famille un droit de cité parmi nous.

Doué, dès son jeune âge, d'une intelligence vive, d'aptitudes merveilleuses et d'une soif incomparable de savoir, Amand de Vienne pénétra tous les arcanes de la science, et, par des voyages appropriés, il compléta tellement son éducation qu'il put dès lors, comme il le prouva fréquemment, traiter en maître de toutes choses.

Toutefois, quoiqu'ayant sondé bien des carrières, il n'avait pas encore trouvé sa véritable voie, ni le prestige que devait lui acquérir une position stable et définitive.

Ce fut en notre ville qu'il acquit cette position, par son union avec la fille d'un de nos principaux industriels, l'honorable M. Cardenier-Poidevin ; et aussitôt il s'arrêta résolument à l'exploitation de notre première industrie nationale : l'Agriculture.

Là, — comme à chaque chose qu'il faisait d'ailleurs, — il apporta tout son zèle, tout son savoir et toute son ardeur, et ne tarda pas à prendre le premier rang parmi les Agriculteurs de la contrée. Et j'en sais plus d'un qui fut heureux de profiter de ses leçons et de ses exemples.

Ces succès ne pouvaient rester ignorés ; aussi lorsqu'en 1863, le savant et dévoué Président du Comice, M. Alphonse Lecointe voulut prendre sa retraite, fut-ce à la presque unanimité des voix que l'honorable M. de Vienne fut appelé à lui succéder ; poste qu'il ne cessa d'occuper depuis lors, malgré son désir maintes fois réitéré de s'y voir remplacer.

Cependant succéder aux Buteux, aux de Vigneral et aux Lecointe n'était pas chose aisée, et nous comprenons fort bien le sentiment qui, dans son discours de remerciements à l'Assemblée du Comice qui venait de l'élire pour chef, lui inspirait ces paroles: « ..... *Mais que pourraient le zèle et l'énergie de quelques-uns contre l'indifférence du plus grand nombre? Que pourraient nos efforts isolés, si vous ne partagiez, Messieurs, nos travaux?...* »

Et, celui qui aujourd'hui sera appeler à lui succéder ne pourra-t-il pas tenir, avec plus de raison encore, ce même langage? Aussi bien n'est-il pas nécessaire, je dirai même indispensable, pour le bien d'une Société professionnelle que tous ses membres ne forment qu'un tout, une masse compacte n'ayant qu'une même pensée, qu'un seul désir, qu'un but unique : l'intérêt général de la Société, l'intérêt propre de chacun dut-il même en souffrir? Et si « l'union fait la force » n'est-ce pas surtout dans ces sortes d'associations?

Aussi fut-ce l'union que M. de Vienne ne cessa de prêcher à ses chers collègues, depuis le jour de sa nomination, où il terminait ainsi son discours : « ...*Unissons-nous, au contraire: l'union fait la force, a-t-on dit de tout temps : unissons-nous donc, Messieurs, pour le succès de la cause commune;* rapprochons nos rangs; formons une phalange compacte et serrée, et marchons d'un pas ferme vers le but que nous nous proposons tous. Si jamais nous sentons faiblir notre courage, faisons appel à notre dévouement, n'oublions pas que le succès accompagne toujours la persévérance, et nous arriverons au terme de notre mandat, en pouvant nous rendre cette justice, que nous avons été utiles à notre pays en travaillant au développement et au progrès de l'Agriculture de notre Arrondissement..,. » jusqu'au jour où, frappé déjà par le mal qui depuis si longtemps le minait, il conviait la France entière à s'unir dans un touchant témoignage de reconnaissance à l'égard de notre illustre concitoyen Parmentier.

C'est ainsi, qu'en 1865, convoquant le Comice à une réunion extraordinaire en vue d'arrêter le programme de l'Exposition Agricole et Industrielle projetée, il dit : « ...*Rassemblez des adhésions* à l'Exposition, et surtout recherchez des membres nouveaux pour le Comice. *Plus nous serons nombreux*, mieux nous pourrons réaliser les grandes idées que le Comice désire voir arriver à bonne fin... »

En 1868, présidant le Concours d'Ailly-sur-Noye, où, pour la première fois en France, on faisait l'expérience du labourage à la vapeur, il se félicitait de voir une foule aussi nombreuse l'entourer, et s'adressant plus particulièrement aux industriels, aux artisans divers qui la composaient, il disait : « ...La bannière de l'Agriculture n'est pas exclusive, au contraire, elle aime de se voir entourée de toutes les industries, elle appelle la société tout entière ; répondez aux vœux de ceux qui la portent, ils sollicitent vos sympathiques encouragements. N'oubliez pas que vous pouvez alléger le poids des difficultés que présente l'accomplissement d'un devoir ; la satisfaction d'un service rendu à la société est la seule récompense à laquelle ils aient droit, mais il en est une en votre pouvoir, *c'est de vous associer à leurs travaux, de partager leurs efforts...* »

En 1871, adressant à tous ses collègues une lettre à propos des mesures à prendre pour réparer les désastres occasionnés tant par l'invasion que par la rigueur de l'hiver, il termine ainsi: « ...*Unis dans la bonne fortune, soyons-le aussi dans l'adversité, et conservons la confiance que nos efforts communs réussiront à détourner les fléaux qui nous menacent...* »

Belle parole, excellent conseil qui, aujourd'hui plus que jamais, alors que nous sommes débordés par une invasion non moins terrible, que nous sommes frappés par un mal non moins cruel : la politique, devrait être mis en pratique et resserrer davantage les liens de notre Société.

En 1873, convoquant l'Assemblée à une réunion générale à l'effet de procéder au renouvellement du bureau, il dit : « C'est avec un véritable regret que j'ai dû constater parmi nous l'affaiblissement de l'esprit professionnel. Sans doute, la persistance des préoccupations politiques qui ont succédé immédiatement aux émotions de l'invasion et un concours de circonstances climatériques déplorables ont motivé et justifié jusqu'à un certain point l'abstention d'un grand nombre de membres aux dernières réunions; mais *je ne puis résister au besoin de vous exprimer*, Messieurs et chers collègues, *combien votre coopération aurait été agréable et utile à ceux que vous avez chargés d'administrer notre Société.* — La défense des intérêts agricoles n'est pas un vain mot. Elle doit être exercée auprès des représentants du pouvoir qui ont besoin d'être éclairés d'une manière spéciale sur les besoins de l'industrie qui prime toutes les autres en France; *elle doit aussi se manifester par l'accord entre hommes de même profession* pour combattre les difficultés techniques qui peuvent se présenter.................

....

« Depuis que le fer et le feu ont traversé la France, depuis que des préoccupations politiques sans cesse ravivées par l'exaltation des partis ont absorbé les esprits les plus fermes, nos réunions ne sont plus que l'ombre de leurs devancières, *elles ne donnent qu'une idée imparfaite d'un passé relativement glorieux.* — Ne perdons pas courage, Messieurs et chers Collègues, envisageons l'avenir avec confiance. De même que les mauvaises récoltes ne rendent pas le sol stérile à jamais et ne préjudicient que dans une certaine mesure à celles qui doivent suivre, de même l'avenir de la France agricole est réservé..... Ayons foi!.....; la Providence viendra à notre secours parce que le Ciel aide toujours ceux qui ont foi en lui.....! »

Ces reproches et ces encouragements ne devraient-ils pas, et à plus forte raison encore, nous être adressés aujourd'hui que la politique prime constamment nos intérêts professionnels ?

En 1877, ouvrant la distribution des récompenses au Concours de Moreuil, il dit, après avoir constaté combien des concours comme les nôtres sont peu de chose auprès des expositions et des concours qui depuis 50 ans appellent de toutes parts la curiosité et l'intérêt de chacun :... « Que sont, que peuvent être nos modestes Concours d'Arrondissement dont les ressources sont si restreintes, la durée si limitée, en face de ces œuvres gigantesques devant lesquelles les siècles passés auraient reculé de terre, s'ils en avaient eu l'idée? Quel moyen se présentait à ceux auxquels vous avez confié la direction des diverses sociétés productrices de notre circonscription pour donner à notre concours une exposition intéressante, en rapport avec le but utile qu'elles se proposent?

« Ce moyen est bien simple assurément; connu de toute antiquité, il est trop rarement employé. Il consiste dans l'union de toutes les sociétés émules qui se sont formées dans notre arrondissement et dans ce canton.

. . . .

« C'est ainsi que dans les circonstances difficiles, *le dévouement, l'abnégation, l'amour du bien* doivent réunir en un faisceau complet et serré toutes les forces vitales d'un pays.

« La *concorde* et l'*union*, loin d'exclure l'émulation, doivent la stimuler et provoquer de la part de tous ceux que leur position appelle à contribuer au bien-être général, une impulsion, un élan vigoureux dans la voie des améliorations pratiques et du progrès..... »

En 1878, remerciant le Comice de sa réélection à la présidence, il dit : «..... Le dévouement de chacun de nos collègues n'est pas douteux, il se manifeste par le paiement des cotisations, aussi bien que par des témoignages non équivoques de sympathie ; mais la coopération active, la collaboration véritable font presque toujours défaut, et cette indifférence plus apparente que réelle, je le reconnais, paralyse jusqu'à un certain point l'action de ceux auxquels vous confiez la direction active de la Société.

Nous *devons donc tendre tous* à une activité plus grande et *donner à nos travaux une impulsion nouvelle* en mettant les programmes de nos concours en harmonie avec les exigences de notre époque.., »

En 1879, convoquant l'Assemblée à l'effet de rechercher les meilleurs moyens à opposer à l'émigration des campagnes, et indiquant, parmi eux, l'établissement de Sociétés de secours mutuels agricoles, il dit : « ...Il ne suffit pas de reconnaître, de constater une plaie qui existe, ceux qui en souffrent doivent rechercher les moyens curatifs qui peuvent être appliqués avec succès. Une cause qui intéresse si directement l'avenir de l'Agriculture et la prospérité générale doit être traitée *par le plus grand nombre possible d'intéressés...* »

En 1880, engageant tous les membres du Comice à assister et à prendre part au Concours de Rosières, il dit : « ... Ai-je besoin d'insister auprès de vous, pour vous engager à y assister et à y prendre part? *Ne reconnaissez-vous pas comme moi qu'il y a des moments où une profession doit trouver tous ses représentants réunis sous la bannière de la corporation?* — Plus les circonstances sont difficiles, plus les intéressés doivent se serrer autour du drapeau, — Vous vous plaignez, agriculteurs, et vous vous plaignez à juste titre.......

« ...... — Pour que l'immense et irrésistible voix de l'agriculture aux abois soit entendue, il est indispensable que le chorus s'établisse entre le plus grand nombre possible de Sociétés agricoles et il est infiniment désirable que les membres qui composent ces Sociétés *manifestent, par leur présence*, une approbation même tacite des démarches et des actes que la défense des intérêts communs a inspirés. — Votre bureau d'administration sait que l'accord le plus parfait existe entre tous les Membres de notre Société, mais il réclame de vous tout votre zèle à soutenir le Comice, toute votre ardeur à rechercher des adhésions nouvelles, et tout votre empressement à assister aux Concours. — *Nous sommes unis, nous sommes nombreux, devenons plus nombreux encore* et n'oublions pas que, dans les luttes pacifiques comme sur les champs de bataille, la victoire se range volontiers du côté des gros bataillons...... »

En 1881, convoquant le Comice pour la réunion réglementaire de novembre, et exprimant le désir de voir l'Assemblée lui donner un successeur, il dit, non sans une certaine mélancolie : «.... Je remercie les membres de notre Société de la bienveillance qu'ils m'ont témoignée et je me retire *avec le regret de n'avoir pas toujours obtenu d'eux la coopération à laquelle j'aurais été si sensible.* Je considère le *dévouement platonique* comme insuffisant au succès des améliorations qu'une Société professionnelle doit toujours rechercher ; j'espère que mon successeur obtiendra une participation plus directe aux travaux de la Société... »

En 1883, faisant la même convocation, il dit: « ...J'entends chaque jour des plaintes individuelles se produire sur l'état de souffrance dans lequel l'agriculture languit; *réunissons-nous donc en faisceau*, confondons nos efforts pour vaincre les difficultés au milieu desquelles nous vivons; sortons de l'isolement vers lequel l'homme des champs est porté... »

En 1884 adressant une circulaire à ses collègues à propos de la *Crise agricole* et des moyens de la conjurer, il dit: « ...L'Agriculture est aux abois, tout le monde le reconnaît et chacun, après avoir tergiversé longtemps, arrive à conclure qu'il faut protéger la production nationale contre l'invasion des produits étrangers. — Les plus modérés, au *nombre desquels s'est toujours rangé le Comice de Montdidier*, se bornent à demander que les charges imposées aux producteurs français soient compensées par un droit corrélatif imposé aux marchandises qui se présentent sur la terre de France. Quoi de plus juste, de plus équitable?

....

.... — *Un devoir s'impose* à ceux que la misère accable plus particulièrement, à ceux qui tiennent la clé de la fortune publique: *celui de s'unir pour appuyer les propositions favorables à leur cause...* »

Enfin, en 1886, convoquant le Comice en assemblée générale pour examiner la situation nouvelle faite à ces Sociétés, par l'établissement, sous le patronage et la direction des principaux *hommes politiques* du département, d'une *Société des Agriculteurs de la Somme*, il dit: ....

— « La gravité des questions qu'aura à traiter cette assemblée me fait espérer que vous saurez faire, s'il est nécessaire, un suprême effort pour vous y rendre. *Permettez-moi de compter sur votre présence et aussi sur vos amis*......... — Vous comprendrez donc, Monsieur et cher collègue, toute l'importance de la détermination à prendre, et *je vous sais trop ami du bien public*, non moins que de vos intérêts propres, *pour supposer que vous puissiez hésiter à venir nous aider à trouver* une solution utile à notre si malheureuse agriculture........, je compte donc absolument sur vous..

....

Ce que devint le Comice sous une aussi habile direction? Nul ne l'ignore, et tous se remémorent avec une satisfaction mêlée de regrets les charmes et les surprises que chaque Concours cantonal apportait avec lui; amenant en même temps, pour un délai toujours trop court, hélas! au gré de leurs habitants, le mouvement, la vie et la richesse alternativement dans chacun de nos chefs-lieux de canton.

Cependant ses fastes et ses splendeurs étaient surtout réservés au chef-lieu de l'arrondissement, qui lui dut ainsi les inoubliables Concours et Expositions de 1865-1870-1876-1881 et, pour couronner le tout, les touchantes et magnifiques Fêtes du Centenaire national de Parmentier, dont nous publions ci-dessus le récit détaillé.

Organiser et assurer le succès de semblables Fêtes, qui parlaient à la fois à l'esprit, à l'intelligence et au cœur aurait pu, pour beaucoup, sembler suffisamment méritoire et permettre de braver, d'où qu'elles pussent venir, toutes accusations d'*impuissance* et de *routine*. Cela ne pouvait satisfaire le zèle et le dévouement infatigable du regretté Monsieur de Vienne.

Aussi bien ce qu'il désirait avec tout, c'était non seulement le relèvement et le progrès de notre agriculture, mais encore son affranchissement de la concurrence étrangère. C'est ce qu'il exprimait avec une parfaite clarté et la plus grande énergie lorsque présidant son premier Concours, en 1864, à Rosières, il disait : « ..... L'industrie agricole, qui prime toutes les autres par son ancienneté et par son importance, *doit suivre le mouvement de l'époque, si elle veut se tenir à la hauteur de sa mission*. La production des céréales, de la viande et des diverses denrées alimentaires, a doublé depuis un certain nombre d'années, MAIS LA FRANCE EST ENCORE TRIBUTAIRE DE L'ÉTRANGER QUAND ELLE POURRAIT NE L'ÊTRE PAS.

« L'agriculture est en progrès sans doute, *mais elle est encore loin du but* auquel elle doit arriver et auquel un travail opiniâtre et des efforts constants la conduiront infailliblement.

« Pour arriver à cette fin, IL FAUT, qu'après avoir puisé dans les concours régionaux les hauts principes et un noble sentiment d'émulation, elle vienne les appliquer en les inoculant, pour ainsi dire, aux populations rurales dans les Concours d'arrondissement, qui sont comme les canaux vivifiants par lesquels le progrès découle d'en haut pour arriver à son application vraie, à sa réalisation définitive dans nos campagnes. *Car la théorie n'est qu'une aspiration stérile* si elle n'est vivifiée et fécondée *par la pratique*, qui seule peut donner la sanction du succès..... »

Et c'est pourquoi, non seulement il s'efforçait de faire connaître, par des Concours spéciaux ou dans les Concours ordinaires, les nouveaux et les plus utiles instruments que le génie des inventeurs créait, tels que : *Faucheuses, Semoirs* à graines et à engrais, *Houes* à cheval, *Moissonneuses, Moissonneuses Lieuses, Rateaux* à cheval, *Lieuses* indépendantes, *Machines routières, Batteuses* mécaniques, *Laveurs* et *presses* à betteraves, *Appareils* de distillation agricole, etc. etc. ; mais il encourageait encore l'introduction et l'élevage des animaux de races perfectionnées : *Chevaux, Vaches, Moutons, Porcs*, etc., etc.

Désirant même voir mettre en pratique cet adage qui *veut* : « qu'une bonne fermière trouve dans sa basse-cour l'importance de ses fermages », il favorisa d'une façon spéciale *tous les produits de la basse-cour*, d'abord en les faisant admettre dans le programme des Concours ordinaires du Comice, ensuite en établissant pour ces produits un Concours spécial qui ne fut pas sans succès. — Du reste, comme il le disait alors : « ..... L'or anglais est attiré en France aussi bien par nos *produits divers de basse-cour*, que par le gros bétail. — Nos nationaux ne sont pas moins friands, que nos voisins d'Outre-

Manche, des excellents produits qu'une ménagère habile sait mettre contre écus comptants à la disposition des consommateurs français. — Cette branche *si lucrative* de la production intérieure, prend de jour en jour plus d'importance en France. Parfaitement entendue en Bretagne, en Normandie et dans la Bresse, *où elle suffit pour payer le fermage au propriétaire,* elle est encore à l'état d'enfance dans notre riche circonscription. — On commence bien à comprendre la culture intensive du sol et ceux qui ont amené la production agricole, proprement dite, au double de ce qu'elle était à la fin du siècle dernier, ne sont pas rares dans notre contrée; mais *l'élevage du menu bétail, la production du lait, du beurre, du fromage et des œufs a-t-elle augmenté dans la même proportion?* — Quand on voit dans des régions voisines de la nôtre les grosses recettes de la fermière, n'est-il pas permis de s'étonner de notre infériorité relative?....... »

Touché également des nombreux accidents occasionnés par un mauvais ferrage, il organisait aussi des *Concours spéciaux de maréchalerie;* de même qu'en vue de répondre aux exigences de la grande culture, il n'avait pas hésité *le premier en France,* à faire faire publiquement des expériences de *labour à la vapeur.*

Il avait aussi arrêté, ces années dernières, les bases et le programme d'un *Concours spécial de Betteraves riches*; mais des circonstances climatériques vinrent s'opposer à ce concours.

Rien d'ailleurs de ce qui pouvait intéresser notre agriculture, ou aider les cultivateurs à lutter contre les obstacles de toutes sortes et de toute nature qu'ils ne cessent de rencontrer dans leur rude labeur, ne le laissait indifférent; et, c'est ainsi que nous le voyons attirer l'attention des pouvoirs publics, aussi bien sur les moyens propres à arrêter *l'invasion* des vers, chenilles, hannetons, mulots, etc. etc, ou à *combattre* l'épizootie bovine, la clavelée des moutons, etc. etc., que sur *les difficultés* que présentent pour la culture la *conscription* des chevaux (telle qu'elle était primitivement faite), les *arrêtés relatifs* aux barrières de dégel, etc. etc., ou *les dangers* du libre-échange et de l'introduction sans frais, sur nos marchés, des produits agricoles étrangers.

Mais ce qui l'occupa plus encore que tout le reste, ce fut l'amélioration matérielle du sort des Agriculteurs; de là le développement tout particulier donné par lui à l'*Enseignement agricole* dans les écoles; ses projets de *patronage* en faveur des jeunes gens se destinant à l'agriculture; l'établissement de *commissions cantonales* spéciales pour signaler et combattre les maladies contagieuses pouvant frapper le bétail; la création *de commissions : d'initiative*, pour rechercher et étudier toutes les questions intéressant l'agriculture; — *d'engrais*, pour étudier, expérimenter et introduire dans la pratique l'emploi des engrais commerciaux ; ses études sur les *conditions du travail* en France; sur le *Crédit agricole;*

sur l'*aide à accorder aux cultivateurs peu fortunés*, pour l'acquisition des engrais, grains, bestiaux et instruments nécessaires à leur exploitation; ses projets de création de *Sociétés de Secours mutuels agricoles*, de *récompenses* aux familles d'agriculteurs les plus nombreuses et les plus stables; ses essais d'introduction de la *culture du tabac* dans notre région; ses encouragements aux expériences relatives à l'*inoculation charbonneuse*, à la *culture des betteraves en poquets*, à l'*ensilage* des fourrages, à la *distillation* des pommes de terre et autres plantes amylacées, etc., etc.,

Entre temps, il organisait des *Conférences agricoles;* des *Fêtes* au profit des invalides de l'agriculture, etc.; il *cimentait l'union* de l'Agriculture, du Commerce et de l'Industrie, par des Expositions particulières où les produits de ces trois grands corps sociaux étaient représentés et confondus; il *unissait* dans une communauté d'actions tous les Comices du département, par des Congrès, ou des Expositions départementales; enfin, si de néfastes événements apportaient le trouble parmi nous: invasion, grêles ou inondations, il était le premier *à combattre leur influence,* soit par des conseils pratiques, des secours appropriés, ou des démarches incessantes.

Les pouvoirs publics ne pouvaient rester indifférents à de semblables travaux, — j'allais dire à de pareils succès, — sachant surtout que JAMAIS aucune préoccupation étrangère, personnelle ou politique, n'était venue y apporter son action dissolvante. C'était d'ailleurs ce qu'affirmait lui-même notre regretté Président, lorsqu'à la suite du Concours de Rosières, en juin 1880, rappelant cette parole de M. Drouin de Lhuys à la Société des Agriculteurs de France, dont il avait été le fondateur: « Félicitons-nous du succès de notre Société, de l'union qui existe entre tous les membres qui la composent, mais n'oublions pas que les discussions professionnelles doivent seules être admises dans nos séances. Gardons-nous qu'une main imprudente introduise jamais dans les débats des questions étrangères ou irritantes »; il disait: « *Si ce principe est vrai, et vous l'admettez tous, je puis vous répondre que l'union et l'amitié dureront entre tous ceux que je suis heureux d'appeler mes collègues, tant que j'aurai l'honneur de marcher à leur tête;* PARCE QUE JE NE PERMETTRAI JAMAIS DANS LES DISCUSSIONS PROFESSIONNELLES, L'INTRODUCTION DE QUESTIONS ÉTRANGÈRES OU IRRITANTES... » — Et c'est ce que constataient d'abord M. le Sous-Préfet de l'arrondissement et ensuite l'honorable M. JAMETEL, — qui ne paraîtra pas suspect, je crois? — lequel disait: « LA POLITIQUE EST, A BON DROIT, BANNIE DES RÉUNIONS DE NOS COMICES; *aussi n'est-ce pas de politique proprement dite que j'ai dessein de vous entretenir.......* »

Cette constatation, hâtons-nous de le dire, avait déjà été faite dès longtemps, aussi l'administration n'avait-elle jamais hésité à seconder les efforts du Comice et de son dévoué

Président, non moins qu'à rehausser l'éclat de ses fêtes par la présence d'un de ses membres. Et c'est ainsi qu'il nous avait été donné de saluer successivement les divers Préfets qui avaient été chargés d'administrer notre beau département, et de les entendre nous encourager dans nos modestes mais intéressants travaux. Ecoutons-les un instant:

D'abord, M. Cornuau, Conseiller d'Etat, Préfet de la Somme qui, lors de la distribution des récompenses de l'*Exposition agricole et industrielle* de 1865, à Montdidier, s'exprime ainsi : « ..... Je vous le dis, Messieurs, avec un sentiment d'orgueil que vous partagerez, *je suis fier* d'avoir à diriger l'administration d'un département où les grands principes de l'intérêt public sont si bien compris, si libéralement appliqués. Nos Comices agricoles obtiennent, chaque année, des résultats plus considérables; *le vôtre,* Messieurs, *s'est particulièrement fait remarquer par son habile direction et par les progrès qui en ont été la conséquence* ... » — Et, le soir même, portant un toast au Comice et à la ville de Montdidier, il dit : « La solennité à laquelle vous avez bien voulu me convier aujourd'hui, est une de celles auxquelles on peut applaudir sans réserve. *Avec vos propres ressources, à force d'énergique volonté et de dévouement,* vous avez réussi à organiser une Exposition *qui fait le plus grand honneur à ceux qui en ont conçu et exécuté le projet,* comme à ceux qui ont répondu avec empressement à l'appel du comité organisateur. *Vous avez donné ainsi un exemple* qui, je l'espère, sera suivi sur d'autres points..... »

C'est encore le même administrateur qui, quelques mois après, présentant un rapport au Conseil général de la Somme, y disait : « ..... Le Comice de Montdidier, à l'occasion de son concours d'animaux, a organisé, en mai dernier, de concert avec l'administration municipale de cette ville, une Exposition industrielle et agricole qui a réuni de nombreux instruments et les produits si riches et si variés de notre département et même de plusieurs départements voisins.

On ne peut qu'applaudir à l'*initiative* prise, dans cette circonstance, par le Comice de Montdidier, qui s'est imposé, à cet effet, des sacrifices considérables.

....

« Vous trouverez, sans doute, *qu'il serait désirable que l'exemple donné par le Comice* de cet arrondissement fût suivi dans les autres circonscriptions..... »

M. de Guigné, lors du *Concours départemental* qui eut lieu en mai 1870, à Montdidier, s'exprime, à son tour ainsi :

« C'est avec joie que je me suis rendu à l'appel que le Comice de Montdidier m'a fait l'honneur de m'adresser. J'avais à cœur de lui apporter le témoignage de ma vive sympathie, *d'admirer de près son œuvre et de saluer les progrès que révèle chacune de ses intéressantes expositions.*

« Le Comice de Montdidier *a déjà marqué sa place* dans le mouvement agricole de la France *par de nombreuses améliorations et de brillants succès*........ Tandis que par ses publications, ses concours et ses récompenses, il contribuait à la vulgarisation des meilleures méthodes, ses membres joignaient l'exemple au précepte.........

« On ne saurait trop applaudir, Messieurs, à de tels efforts; les hommes qui consacrent leur labeur et leur intelligence aux travaux de l'agriculture méritent d'être honorés entre tous, car ils sont les plus puissants artisans de la grandeur du pays......

« Le Comice de Montdidier *continuera*, j'en suis sûr, *de marcher au premier rang* dans cette voie si importante du progrès agricole. J'en ai pour garants l'activité industrieuse de ses membres, *le dévouement infatigable de son honorable Président* et le spectacle même, si plein de promesse, qui se déroule sous nos yeux....... »

C'est ensuite M. de Guerle qui, au Concours de Moreuil, en 1872, dit: « .... Je ne pouvais choisir pour me rendre parmi vous une meilleure occasion qu'un Concours agricole. *Personne ne contestera* à l'arrondissement de Montdidier, l'honneur qu'il s'est acquis dans toutes les branches du travail de la terre. *Vos succès, vos triomphes sont d'hier*....... *La voix si autorisée de votre Président*, l'avis des juges de ce Concours *viennent de proclamer bien haut que vous êtes restés à la hauteur de votre vieille réputation*, et mon modeste suffrage s'ajoute à leurs suffrages éclairés *pour constater* que vous êtes venus ici pour chercher de nouveaux exemples, *pour recueillir de nouveaux succès*...... Je ne puis donc vous inviter, Messieurs, qu'à demeurer égaux à vous-mêmes. Quelques années d'un travail couronné par de pareils succès nous aideront à panser nos plaies et à payer notre rançon......... On a souvent *reproché* aux cultivateurs *l'excès de leur esprit conservateur*. COMMENT NE SERAIENT-ILS PAS CONSERVATEURS? *La moindre complication imprévue ne vient-elle pas rendre inutile la prévoyance laborieuse que demande le travail de la terre*. C'est bien assez d'avoir à redouter la gelée, la grêle et tant d'autres fléaux qui planent sur vos récoltes *S'il faut encore faire entrer les révolutions dans le prix de revient de votre blé*, IL N'Y A PAS DE COMPTABILITÉ AGRICOLE QUI PUISSE Y TENIR............ »

C'est encore M. Duflos, sous-préfet de Montdidier qui, parlant au nom de M. Herbette dont il était le délégué au Concours de Roye, en 1878, dit: .... « M. le Préfet *m'a prié d'être* ici, avec M. le secrétaire particulier, *l'interprète de sa vive sympathie pour vous-mêmes et pour l'œuvre qui est l'objet de vos continuelles préoccupations*........

« A la prospérité et aux progrès toujours croissants de l'agriculture ;

« *A M. le Président du Comice agricole, dont le zèle et l'habileté assurent la réussite de tous vos concours*......... »

Enfin c'est le même administrateur, qui suppléant, en 1880, lors du Concours de Rosières, M. Spuller, s'exprime ainsi: « Au nom de M. le Préfet de la Somme, qui m'a fait l'honneur de me déléguer pour le représenter au milieu de vous, je remercie le Comice agricole de Montdidier d'avoir permis à l'administration, en l'associant à cette fête du travail, de manifester hautement sa sympathie pour les habitants de nos campagnes et sa sollicitude incessante pour l'agriculture.......... En dehors des graves préoccupations nées des épreuves traversées depuis quelque temps par l'agriculture, *le Comice de Montdidier n'a pas aban-*

donné, j'ai pu m'en convaincre, *le cours de ses études et de ses travaux*. IL RECHERCHE, SANS RELACHE, CE QUI RESTE, DANS L'ORGANISATION AGRICOLE, D'IMPERFECTIONS A FAIRE DISPARAITRE ET DE LACUNES A COMBLER......... L'*éloge* des sociétés semblables à la vôtre *n'est plus à faire* en ce qui concerne le puissant essor qu'elles impriment au progrès matériel de l'agriculture. VOUS N'AVEZ JAMAIS FAILLI SUR CE POINT A VOTRE MISSION; mais vous n'avez pas oublié, non plus, qu'une tâche plus grande encore et d'un ordre plus élevé, s'il est possible, s'impose à tous les esprits éclairés ainsi qu'à tous les cœurs généreux.

« C'est avec la plus grande joie que j'entendais votre Président vous entretenir des améliorations à apporter au sort du personnel agricole, de ces ouvriers si vaillants, si laborieux et si probes dont on se plaint, non sans raison, de voir les rangs s'éclaircir chaque jour. Aussi, ne saurait-on trop encourager toutes les mesures qui tendent à leur procurer les avantages résultant d'institutions qui ne fonctionnaient jusqu'à présent que dans les villes. Vous l'avez compris, et les difficultés, j'en suis persuadé, ne vous rebuteront pas, car vous n'ignorez pas ce que peut une volonté ferme appliquée à un si digne objet........ »

Et, — nous pouvons le dire avec orgueil, — au ministère même l'opinion était tellement semblable qu'un des directeurs de l'Agriculture, répondant à une demande de secours quelconque qui lui était adressée, à propos d'un des grands Concours, par M. de Vienne, lui disait : « *Mais que voulez-vous que nous vous accordions; vous faites, de vous-même et par vos propres ressources, de quasi Concours régionaux.....!* »

Cependant ces nobles et sérieuses occupations ne suffisaient pas à l'activité dont M. de Vienne était dévoré, non plus qu'à son impérieux désir de venir en aide, coûte que coûte, aux classes nécessiteuses. Ce fut ce qui le détermina à créer la fabrique de sucre de Montdidier.

....

Entre temps il avait été envoyé au Conseil municipal de notre ville où, constamment sur la brèche, sans s'inquiéter de savoir s'il était suivi ou non, il défendit jusqu'à sa mort les intérêts communaux, avec la plus grande énergie, la plus loyale conviction. Et chacun se souvient encore, ici, de la lutte qu'il soutint, non sans succès, à propos des écoles communales.

Malheureusement, trop souvent, surtout dans ces dernières années, il parlait à des sourds volontaires, à des hommes de parti pris qui, s'ils l'écoutaient encore, ne le suivaient jamais, eût-il mille fois raison, et quoiqu'ils reconnussent la haute supériorité qu'il possédait particulièrement dans les questions techniques. Ils poussèrent même l'intolérance jusqu'à l'exclure quand même de toutes les commissions où, par son autorité et sa compétence, il aurait pu les éclipser.

Ils auraient dû cependant se ressouvenir du moins, — supposant même qu'ils voulussent oublier ses travaux, — du dévouement dont il avait fait preuve pendant la néfaste guerre de 1870, d'abord comme parlementaire, puis comme otage ; mais la passion, surtout la *passion politique* fait litière de tout, et c'est par elle principalement que « la reconnaissance engendre la haine! »

. . . .

Beaucoup d'autres, en face semblable ingratitude, auraient tout abandonné et seraient rentrés sous leur tente. M. de Vienne n'était pas de ceux-là : il connaissait trop bien l'humanité pour ignorer ce que peuvent l'envie et la haine sur la bonté et l'ignorance, et ne voulant voir, dans la plus grande partie de ses adversaires, que des hommes trompés et aveuglés, il continua, quand même, de faire le bien pour le seul amour du bien.

C'est ainsi qu'il accepta successivement de représenter notre arrondissement à la Chambre de Commerce d'Amiens ; puis d'examiner, pour la partie industrielle et agricole, les jeunes gens qui se présentaient au volontariat militaire.

Mais il ne cessa cependant, et malgré ses multiples occupations, de s'intéresser plus particulièrement au sort des ouvriers ; et c'est pourquoi il assuma, sans hésiter, la lourde charge de diriger, après la mort du regretté M. Charles Mangot, la Société de Secours mutuels.

. . . .

Toutefois les luttes qu'il eut à soutenir de divers côtés et pour diverses causes, dans ces positions respectives, ne laissèrent pas que de lui causer certaines blessures, qui ne firent qu'aggraver un mal impitoyable qui déjà le minait sourdement.

Ce qui l'augmenta surtout ce furent les fatigues et les luttes qu'il eut à soutenir, lors du Centenaire de Parmentier, dont l'éclat et le succès mirent hors gonds tous ceux à qui il portait si terriblement ombrage.

Un de ces folliculaires qui rappellent si bien les sinistres *naufrageurs* de l'île de Sein, pris de male rage en face de pareil succès, disait alors dans un accès brutal et irréflechi de franchise que « les Fêtes du Centenaire avaient sonné le glas funèbre des Comices de la Somme. » — Je ne sais si cette pseudo-prophétie se réalisera, malgré tous les efforts qui sont faits pour cela ; mais ce que je n'ignore, et ce que je puis déclarer bien haut aujourd'hui que les devoirs de l'amitié ne peuvent plus me l'interdire, c'est que ces fêtes sonnèrent le glas funèbre de notre regretté Président.

Jamais, en effet, l'injustice et l'ingratitude n'avaient employé masque plus hypocrite, moyens plus vils, voies plus perfides pour arriver à terrasser celui dont le seul désir était la gloire de son pays, le bien-être de ses concitoyens.

Il ne put y résister davantage, et dès cet instant, la maladie, que depuis des années il subjuguait par son courage et son énergie, le domina et peu après le terrassa.

Toutefois, il ne fit entendre aucune plainte; il n'exhala aucun reproche, ne proféra aucune récrimination, mais se confiant en la divine Providence, il se prépara, dans le calme du devoir accompli, à retourner vers son Créateur et à aller retrouver dans le repos éternel ceux des siens qui l'y avaient précédé, et prier pour ceux qu'il laissait ici-bas.

***

Le 20 janvier 1887 eurent lieu les obsèques de cet homme de bien, de ce dévoué patriote, de cet ami du pauvre et de l'ouvrier ; les liens qui nous unissaient à lui nous interdisent d'en faire nous-même le récit, aussi laissons-nous un des journaux locaux, le *Propagateur Picard,* nous dire ce qu'elles furent.

Voici ce qu'il publiait dans son n° du 21 janvier :

« Les funérailles de M. de Vienne ont été célébrées hier.

« Rarement notre ville a eu le spectacle consolant d'un convoi aussi nombreux et aussi distingué. Montdidier était rempli d'étrangers venus de tous les points de la région, et l'on se reportait comme l'a fait remarquer l'honorable M. Descaure, aux fêtes du Centenaire et à leur immense concours de visiteurs.

« Hier comme au mois de mai, ces braves gens venaient témoigner leur sympathie et rendre leurs hommages à la mémoire immortelle d'un homme de bien, d'un véritable ami du peuple, de ce peuple aveugle et ingrat que nous aurions voulu voir encore plus empressé en cette douloureuse occurrence.

« Six magnifiques couronnes funèbres étaient portées derrière le cercueil: l'une souvenir de la famille, l'autre offerte par le Comice agricole, une autre par la Société de Secours mutuels et les trois dernières apportées par la délégation de la glacerie de Chauny.

« Les cordons du poèle étaient tenus par MM. Debailly, de Mézières, vice-président du Comice agricole ;

Leroux, trésorier de la Société de Secours mutuels et Président du Conseil de fabrique de l'église St Sépulcre ;

« Radenez, conseiller municipal ;

« Le comte de Fransures, membre de la Société des Agriculteurs de France et du Comice ;

« A la suite du cercueil marchaient :

« Les Sœurs de Charité de la ville ;

» Les porteurs de couronnes ;

« La Famille et M. l'Archiprêtre de Montdidier ;

« Le Bureau du Comice et les délégués des Comices de la région ;

« M. le Maire, le Conseil municipal et les employés de la mairie ;

« Le Bureau de la Société de Secours mutuels ;

« Les Marguilliers de Saint-Sépulcre ;

« Les délégués de la Chambre de Commerce d'Amiens ;

« La délégation de la Glacerie de Chauny, qui était venue rendre un dernier hommage au père de son sympathique directeur ;

« Les membres du Comice agricole ;

« La Société de Secours mutuels, portant ses insignes ;

« Et toutes les notabilités de notre ville et du département : magistrats, industriels, agriculteurs, commerçants, fonctionnaires de tout ordre ; les amis du défunt, tous ceux qui avaient connu et admiré son infatigable activité, son indomptable énergie, consacrées durant un demi-siècle au bien du pays et de la cité.

« L'Eglise du Saint-Sépulcre, trois fois trop petite pour contenir le nombre des assistants, était voilée de ses plus amples tentures funèbres. La Messe a été célébrée par M. l'abbé Du Castel, dont les accents émus témoignaient que dans l'éminent paroissien qu'il recommandait au Juge des suprêmes justices, il perdait à la fois un parent et un ami.

« MM. les abbés Lonnoy, professeur au Collège et Dive, vicaire de la paroisse, remplissaient les fonctions de diacre et de sous-diacre.

« Ce dernier ayant fait l'absoute, le convoi se rendit d'abord en face de l'Hôtel-de-Ville, où, selon l'antique et touchante coutume, la cloche communale salua de ses lugubres sons la dépouille du membre défunt de la municipalité montdidérienne.

« Puis le cortège reprit par la rue de Roye, l'itinéraire habituel des convois de la paroisse.

« Au cimetière, trois discours d'adieu ont été prononcés sur la tombe. Les voici dans l'ordre qui a été suivi :

Discours de M. Descaure

député de la Somme

Messieurs,

Au moment où cette tombe va se refermer à jamais, permettez-moi de venir dire un suprême adieu à celui que pleure l'arrondissement de Montdidier.

Je laisse à des voix plus autorisées le soin de retracer la part que M. de Vienne a prise comme conseiller municipal dans la défense des intérêts montdidériens, la place qu'il a tenue dans la Société de Secours mutuels, le rôle qu'il a joué à la Chambre de Commerce d'Amiens, et l'habile et sage direction qu'il a su donner pendant près de 30 ans à notre Comice agricole.

Je ne saurais, d'ailleurs, suffire à une pareille tâche.
Qui de nous peut ignorer la vie de M. de Vienne?....

Messieurs,

Son nom n'est-il pas attaché à tout ce qui s'est réalisé d'améliorations de progrès, d'innovations, aussi bien en ce qui concerne l'Industrie qu'en tout ce qui touche à l'Agriculture?...

Son dévouement pour le pays, vous le savez, n'avait d'égal que l'indomptable énergie qui le faisait triompher de tous les obstacles.

Sacrifier tout au bien-être général : telle fut son unique devise ; la satisfaction du devoir accompli, jointe à l'estime de ses concitoyens, telle fut la seule récompense qu'il devait briguer....

Aussi sa mémoire doit-elle figurer parmi les mémoires de ceux qui ont le plus illustré l'arrondissement !

Ah ! Messieurs, lorsque, il y a quelques mois à peine, le Président du Comice agricole nous montrait par les fêtes splendides du Centenaire, comment il comprenait la reconnaissance due à l'une de nos gloires, — Parmentier, — qui se serait jamais douté d'une fin si prématurée !.... Mais la Providence, dans ses desseins impénétrables, avait fixé le terme prochain de sa vie...

Alors, une foule immense applaudissait à ces fêtes et à leur but, et à leur organisateur ; aujourd'hui, une foule immense également vient témoigner combien elle apprécie la perte irréparable que nous faisons, et comment, dans le deuil comme dans la joie, elle sait confondre dans un même sentiment de reconnaissance et de respectueuse fierté les bienfaiteurs de l'humanité.

Puisse ce témoignage apporter quelque baume à la douleur d'une famille si cruellement éprouvée.

Puisse-t-il être pour elle la véritable expression de la dette que l'arrondissement de Montdidier a contractée envers celui dont l'existence est une de celles qui ont pu faire dire au poète :

La vie est un combat dont la palme est aux Cieux.

Discours de M. Pluchet,

Agriculteur-fabricant de sucre et membre du Bureau du Comice.

Messieurs,

Après les paroles émues que vous venez d'entendre, et qui retraçaient à vos yeux le tableau des qualités, des vertus de celui que nous pleurons aujourd'hui, il me semble qu'il reste peu de chose à dire, et cependant Messieurs, au nom du Comice agricole de Montdidier — interprète des sentiments de respect, d'estime et d'affection de cette grande famille de plus de 500 membres, — permettez-moi de déposer un dernier hommage, et d'adresser un suprême adieu à celui qui fut son chef vénéré, à son digne et sympathique Président.

D'autres plus autorisés, parmi ses collaborateurs, ont bien voulu me céder ce douloureux honneur. Ma voix, moins éloquente, n'est pas moins émue que la leur, parce que je sens comme eux, comme vous tous, Messieurs, la perte irréparable que nous venons de faire.

Depuis 24 ans, Monsieur de Vienne était à la tête du Comice de

Montdidier. Son énergie, son courage, son entrain communicatif, qui laissaient ignorer, même à ses plus intimes, l'intensité du mal qui devait l'emporter trop vite, hélas ! nous faisaient espérer de l'y conserver longtemps encore.

Je n'ai pas à vous dire quel fut son rôle, pendant cette longue suite d'années. Vous l'avez vu tous à l'œuvre, habile administrateur, organisateur infatigable de ces concours si connus, si justement admirés.

Il y a quelques mois encore, la ville de Montdidier, en fête, ouvrait ses portes aux nombreux visiteurs qui, répondant à l'appel de M. de Vienne, venaient de tous les points de la France, célébrer avec lui le centenaire de votre illustre compatriote, Parmentier.

Ceux qui avaient la bonne fortune d'approcher de près notre cher président, savent avec quel feu il avait, le premier, conçu la pensée de cette grande manifestation ; avec quel dévouement, quelle intelligence, quel infatigable courage, il poursuivit les moyens de la mener à bonne fin.

Le succès le plus éclatant avait couronné ses efforts ; tous ses concitoyens, émerveillés plus que surpris de cette réussite sans exemple, lui ont rendu pleine justice, — ils avaient espéré, à cette occasion, lui voir décerner la haute récompense que la France ne marchande pas d'ordinaire à des serviteurs aussi dévoués, aussi méritants que M. de Vienne, — et je suis sûr de traduire vos sentiments unanimes, en rappelant la déception qui nous était réservée.

Lui seul, Messieurs, modeste comme vous le connaissiez, ne fut ni surpris, ni froissé : faire le bien sans autre ambition que celle d'être utile, lui semblait si simple !

Sous une écorce parfois un peu rude, quel cœur ! quels sentiments !

Ami des faibles, des pauvres, des ouvriers, qu'il connaissait si bien, c'était vers leur défense, vers leur bien-être que ses pensées se portaient le plus fréquemment.

La distribution des récompenses du Comice aux modestes serviteurs ruraux, lui semblait le plus bel apanage de notre Société, et le privilège le plus enviable de son président. — Alors seulement, il trouvait toujours nos ressources trop faibles.

Aussi tous le respectaient et l'aimaient, et tenez, Messieurs, j'ai entendu lundi, le jour de sa mort, exprimer ce sentiment d'une façon bien touchante.

« Ah ! me disait-on, si tous ceux auxquels Monsieur de Vienne a rendu service, venaient à son convoi, on n'aurait jamais vu tant de monde à Montdidier ! »

Quel plus bel éloge que ce cri de l'affection et de la reconnaissance !

Permettez-moi enfin, Messieurs, de vous rappeler qu'un des premiers, Monsieur de Vienne avait compris toute l'importance de l'éducation, pour former de bons cultivateurs et de sages ménagères.

Il créa dans notre arrondissement les concours scolaires agricoles. Le nombre toujours croissant des jeunes candidats aux récompenses du Comice, témoigne que là, comme toujours, il avait frappé juste, et que sa généreuse pensée répondait aux aspirations générales.

Chrétien sincère, et sachant ses jours comptés, il voulut, une dernière fois, dans toute la plénitude de ses belles facultés, demander à la religion ses divins secours, et la force de consentir sans murmure à cette séparation cruelle de ceux qui le chérissaient si tendrement, de sa chère et vaillante compagne, de ses enfants aimés, qu'il avait le bonheur de voir marcher sur ses traces. Qu'ils reçoivent ici le respectueux témoignage de notre vive et douloureuse sympathie !

Et vous, cher Président, du séjour bienheureux où vous êtes entré, si vous pouvez lire au fond de nos cœurs, vous verrez que votre souvenir y demeurera toujours, et que votre exemple sera le but où nous tendrons sans cesse, pour vous y retrouver un jour.

Au nom de tous les membres du Comice de Montdidier, recevez, cher maître et excellent ami, recevez nos adieux et nos larmes !

Discours de M. Leroux

Trésorier de la Société de Secours mutuels

Messieurs,

Après les éloquents et si justes hommages rendus à la mémoire de M. de Vienne, il ne me reste plus qu'à venir en quelques mots, exprimer au nom de la Société de Secours mutuels de Montdidier, qu'il présidait depuis plusieurs années, ses sentiments de reconnaissance pour les nombreux et importants services qu'il lui a rendus depuis sa fondation, à laquelle il a contribué.

Tour à tour secrétaire, vice-président et enfin président, il apporta dans ces diverses fonctions une activité et un zèle qui ne se sont jamais démentis.

A l'origine de la Société, alors qu'il conduisait dans cette funèbre enceinte le premier membre décédé, il prononçait sur sa tombe quelques paroles émues, et prophétisait l'avenir réservé à l'association ; grâce à ses efforts persévérants, à sa constante sollicitude, ces prévisions sont devenues des réalités, qui placent notre société au rang des plus prospères.

Tous, messieurs, vous avez pu apprécier le dévouement infatigable apporté par lui au service d'une œuvre qu'il affectionnait si vivement, et dont il se plaisait à faire ressortir avec sa vive intelligence les nombreux avantages dans les allocutions qu'il adressait lors des réunions générales.

Sa constante sollicitude pour les ouvriers lui faisait chercher sans cesse le moyen d'améliorer leur sort ; il aurait voulu pouvoir devancer et donner dès à présent ce que l'association leur réserve dans l'avenir.

Digne successeur de ses devanciers, il s'appliqua comme eux à développer les bienfaits de l'œuvre à laquelle il avait voué tous ses soins.

S'inspirant de cette belle maxime évangélique choisie pour la devise de la Société :

« Aimez-vous les uns les autres, »

il la mit constamment en pratique en faisant le bien ; aussi, devons-nous espérer qu'il lui en sera tenu compte, dans ce monde immortel où les passions disparaissent pour faire place à la justice qui récompense le dévouement et les bonnes actions.

Adieu, cher président, adieu pour tous ces sociétaires participants auxquels vous étiez si heureux de pouvoir être utile ; ils vous conserveront, je l'espère, un souvenir reconnaissant des services rendus avec tant de désintéressement et de bienveillance.

Puisse ce témoignage de gratitude apporter quelque adoucissement à la douleur d'une honorable famille si péniblement affectée, et puisse aussi l'exemple d'une existence si bien remplie produire des imitateurs, voulant et sachant comme lui aimer et servir leur pays !

Terminons par un dernier trait :

M. Charles-Amand de Vienne, qui meurt avant d'avoir atteint sa 68e année, nous a été ravi dans sa pleine activité. Il mettait la dernière main au Compte-rendu *in-extenso* des Fêtes du Centenaire, et ce travail aura pour épilogue, hélas, le compte-rendu de ses obsèques !

La Mort jalouse a surpris ses amis : les uns s'apprêtaient à fêter avec lui le cinquantenaire du Comice, les autres se préparaient à lui offrir un souvenir des Fêtes de 1886 : tout s'est évanoui devant un cercueil !

Mais les œuvres demeurent et la mémoire de M. de Vienne ne périra pas.

Il est bon et salutaire de rapprocher de sa vie laborieuse et dévouée sans mesure, le spectacle de sa mort tranquille et résignée : « Je suis prêt, mes amis, je suis en règle avec Dieu : consolez-vous dans cette pensée ! »

Comme le dit le chroniqueur, le dernier acte de M. de Vienne fut le Compte-rendu *in-extenso* des Fêtes du Centenaire de Parmentier, que nous donnons ci-dessus, et la veille de sa mort, il en revoyait avec nous les dernières copies à remettre à l'imprimeur.

Cette préoccupation particulière de tout ce qui pouvait relever la gloire du Comice et assurer son avenir, doit être pour nous tous un exemple, je dirai même *un devoir* auquel nul ne peut faillir.

Certes l'ennemi est puissant, et il nous a investis habilement de toutes parts, s'insinuant même jusque dans notre foyer.

Est-ce donc une raison pour nous abandonner et nous livrer à lui ?

Non certes !

Imitons bien plutôt le courage et le dévouement de notre regretté Président et UNISSONS-NOUS plus que jamais dans la défense de nos intérêts professionnels.

On nous dira sur tous les tons et de tous les côtés que nous nous trompons et que si nous ne nous courbons pas devant les hommes du jour, et ne les flattons pas, nous serons abandonnés.

Erreur, immense erreur !

Nous les avons vus à l'œuvre ces hommes ; nous pouvons comparer leurs actes avec leurs paroles !....

. . . .

« UNION, DÉVOUEMENT ET PERSÉVÉRANCE : telle était

la devise de notre regretté Président. Telle doit être la nôtre !

Que notre *courage* soit donc à la hauteur de nos *besoins*, et souvenons-nous de cette promesse, nullement illusoire, et que nos monnaies elles-mêmes nous rappellent sans cesse : « Dieu protège la France ! »

F. HERMIER.

MONTDIDIER. — IMPRIMERIE ALLART ET Cie

www.ingramcontent.com/pod-product-compliance
Ingram Content Group UK Ltd.
Pitfield, Milton Keynes, MK11 3LW, UK
UKHW020604180726
13838UKWH00001B/415

9 782329 383019